투자의 길에서
부동산 멘토를 만나다

투자의 길에서
부동산 멘토를
만나다

두 번째 직업을 위한
부동산과 재테크

아이언맨(이민희) 지음

한국경제신문 *i*

운명은 우연이 아닌, 선택이다.

기다리는 것이 아니라, 성취하는 것이다

— 윌리엄 제닝스 브라이언 —

2019년 추석을 앞둔 어느 날,

이민희(아이어맨)님이 저의 연구실을 방문했습니다.

방문의 요지는 다음과 같습니다

1) 성동구 응봉동 실거주 집 : 2014년 매입. 매입가격 5억 4,000만 원 정도, 현재 시세는 9억 원 정도

2) 강동구 고덕동 전세로 준 집 : 2017년 입주. 분양가 8억 원 정도, 현재 시세는 14억 원 정도

두 개의 집중에 고덕동 집을 팔아서 현금을 이용하고자 하는데, 좌포님 생각은 어떠냐는 상담을 하기 위해서 왔습니다. 저는 두 집 다 파는 것을 반대했습니다. 그런데 어쩔 수 없이 하나를 판다면 응봉동 실거주 집을 팔면 좋겠다고 조언해주었지요. 고덕동 집은 분양권일 때 최순실 국정농단 사건이 터졌고, 당시 가격이 1억 원이 떨어져 아이언맨님이 매도를 고민했을 때 팔지 말라고 했던 물건이었습니다. 그런데 앞으로 더 오를 것으로 예상이 되어서 이번에도 그 집을 팔지 말고 실거주하는 응봉동 집을 팔면 좋겠다는 조언을 했지요.

그리고 일주일 후에 실거주하는 집을 팔기로 부부간에 결정했다고 합니다. 여러분들은 어떤 집을 팔아야 한다고 생각하시나요?

아이언맨님은 이런 분입니다.

이미 부동산 투자를 5년간 해본 다양한 경험이 있고, 서울에 투자한 여러 물건이 많이 올라서 지금은 경제적 자유를 얻은 세관 공매 전문가, 빅데이터 전문가, 카페에서는 초보 투자자들의 길잡이인 멘토로 활동하면서 얼마든지 혼자 결정할 수 있지만, 부동산을 사고팔고 할 때 꼭 저

와 상의하는 겸손한 사람입니다.

우리는 세상을 살아가는 과정 안에 수많은 선택을 하게 됩니다. 지나고 보면 그 선택이 얼마나 중요한 것이었는지 선택할 때는 모릅니다. 자의건 타의건 간에 우리는 늘 선택의 갈림길에 서게 됩니다. 옳은 선택, 틀린 선택은 없죠. 그런데 매 순간 선택의 갈림길에서 옳은 선택을 한 사람이 바로 아이언맨님입니다.

아이언맨님은 희망퇴직과 함께 부동산을 선택했고 인생의 터닝 포인트를 부동산 투자에서 찾았습니다. 그것도 부동산이 불황일 때 선택을 했었죠.

그때는 암울한 절망만이 있었던 부동산 시장에서 시작했고, 그 선택이 인생을 바꿔줄 선택의 힘으로 성공을 만들어낸 것이죠.

5년 전, 가을이 막 시작하는 시점에 필자가 운영하는 카페(부동산 경매 더 리치) 기초반에 등록하고 수업을 받으러 왔었습니다. 지금도 그때 기억이 생생합니다. 40대 후반의 아저씨가 흰 스포츠 모자를 쓰고, 말없이 수업들 듣던 모습이었으니까요.

아이언맨님은 대기업에 다니는 회사원이었으며, 아들 둘을 가진 네 식구의 다복한 가정을 가진 가장이었습니다. 새싹반을 마치고 연회원반(실전 투자반)에 승선하면서 개인 대화를 시작했는데, 회사를 정리하기로 했다는 것입니다.

아이언맨님은 이렇게 필자와 부동산을 만나게 되었고, 선택하게 되었습니다. 후일담에 의하면 어느 날 회사를 나와야 하는 선택의 기로에서 부동산을 접하게 되었고 책과 카페(네이버 – 부동산 경매 더리치)와 팟빵(좌 포의 부동산 경매 더리치)을 듣고 찾아왔다고 하더군요. 아이언맨과의 인연은 이렇게 시작되었습니다.

멘토로서 아이언맨을 곁에서 지켜본 한 사람으로서 평가하자면, 아이언맨은 매우 신중하고 실행하는 사람입니다. 노력하고 연습하는 사람으로서 '좌포의 부동산 경매 더리치'에서 운영진으로 활동하며 '투자 심화반'에서 부동산과 빅데이터를 가르치는 교수님이기도 합니다.

아이언맨님은 그냥 평범한 샐러리맨이었습니다. 다시 말해서, 부동산에 대한 지식과 경험이 전혀 없었던 사람이었지요. 하지만 경제적 자유를 향한 열정과 노력으로 부동산 지식과 경험을 쌓았고 성공적인 실전 투자를 했습니다. 더불어 직장생활에서 얻은 지식과 경험을 부동산에 접목해 자신만의 부동산 투자 방법을 만들어 자기 것화했으며, 특히 부동산 통계와 빅데이터를 통한 지역분석가가 되어 있습니다.

이 책은 아이언맨님의 지난 5년간의 투자 이야기입니다. 부동산과 재테크 투자를 하며 얻은 지식과 경험, 노하우를 이 책에서 아낌없이 풀어놓았습니다. 데이터를 어떻게 분석하고, 어떤 지역을 선점해야 하는지에 대한 힌트가 책 여러 곳에 숨어 있어서 도서관에서 빌려보는 것을 넘어서 꼭 소장하고, 정독해보길 권해드립니다.

이 책에는 아이어맨님이 직접 경험한 부동산 투자 이야기와 더불어 틈새 시장으로써 재테크를 할 수 있는 세관 공매와 자동차 경·공매 이야기가 흥미진진하게 펼쳐져 있을 뿐만 아니라 새로운 틈새 재테크 아이템이 소개되고 있습니다. 이러한 스마트한 재테크는 제2의 인생 설계와 같아서 투자자라면 꼭 알아야 할 내용입니다.

삶은 매번 선택 앞에 놓여 있습니다.

선택으로 주변의 모든 환경이 그것에 맞게 변해가죠.

이 책을 집어 든 당신은 주저하지 말고 경제적 자유를 향한 선택을 권해드립니다. 그 선택에 이 책이 동기부여가 될 것입니다.

지금 선택하십시오.

왜냐하면,

행복은 내가 할 수 있는 최고의 '선택'이기 때문입니다.

좌포의 부동산 경매 더리치 대표

좌포 김종성

프롤로그
100세 시대, 두 번째 직업을 준비하라

인생 100세 시대, 더 이상 남의 일이 아니다. 은퇴 시기가 빨라졌을 뿐만 아니라 은퇴한 후에도 쉬지 못하고 생계를 위해 30~40년을 더 일해야 한다. 그러면, 무엇을 해야 할까? 전직은 답이 될 수는 없을 것 같다. 왜냐하면, 전직했더라도 또 다시 은퇴를 준비해야 하기 때문이다. 이러한 이유로 은퇴 없는 전업이 필요하다. 그렇다면 은퇴 없이 할 수 있는 것은 무엇이 있을까? 창업, 부동산 투자, 주식 투자 등이 그 대상이 될 수 있다.

대부분의 직장인은 경쟁에서 살아남기 위해 회사에서 요구하는 자기계발과 스펙을 갖추기 위해 정말 열심히 노력해야 한다. 이러한 처절한 노력은 회사를 관두기 전까지 끝이 없고, 선택이 아닌 필수다. 또한 업무 실적과 성과를 내기 위해서도 열심히 일해야 한다. 하지만 유감스럽게도 업무 및 능력 경쟁에서 뒤처지면 언젠가는 회사를 떠날 수밖에 없다. 이러한 이유로 은퇴 전에 두 번째 직업을 준비해야 한다.

필자는 우연히 부동산 투자 기회를 통해 인생의 터닝 포인트를 만들었고 가족과 나를 위한 인생을 살기로 결심했다. 필자가 희망퇴직을 선택하지 않고 회사를 다녔다면, 지금도 역시 불확실한 미래와 퇴직에 대한 걱정을 하고 있었을 것이다. 그리고 여전히 똑같은 일상을 다람쥐 쳇바퀴 돌듯이 반복하고 있지 않을까 생각한다. 필자는 희망퇴직과 함께 전직이 아닌, 두 번째 직업으로 부동산 투자와 세관 공매를 선택했고 실전 투자를 해오고 있다. 짧은 기간 동안 많은 경험을 했고, 경제적 자유를 향한 작지 않은 성과도 만들었다. 부동산 투자와 세관 공매는 은퇴 없이 지속할 수 있다는 점에서 장점일 뿐만 아니라 부자로 만들어주고 경제적 자유를 얻을 수 있는 가장 강력한 수단 중에 하나라고 생각한다. 지식과 경험을 차곡차곡 쌓아간다면 경제적 자유를 얻을 수 있는 기회가 올 것이라고 확신한다.

이 책은 부동산 경매와 투자, 멘토와 사람, 세관 공매, 인생설계 등에 대해 필자의 경험을 다루고 있고, 크게 4개의 파트로 구성되어 있다.

'Part1 인생의 터닝 포인트가 된 부동산 투자'에서는 실천하지 못해 놓쳐버린 기회들, 불확실한 미래와 희망퇴직, 부동산과의 만남, 그리고 부동산 경매와 멘토, 부동산 투자와 사람에 대한 이야기다. 특히 퇴직을 고민하는 40~50대 직장인에게 준비된 퇴직, 그리고 부동산 경매와 멘토를 만나볼 것을 권하고 싶다.

'Part2 부동산 투자도 회사 일처럼 하면 성공한다'에서는 부동산 사이트 활용, 도시기본계획, 입지환경, 부동산 시장 분석, 부동산 시장의 주요 지표들, 부동산 투자 공부 노하우 등에 대한 이야기다. 부동산 투자는 큰 자금이 필요하다. 따라서 위험을 최대한 줄여야 하고 관리를 잘 해야 한다. 자신의 강점과 장점을 활용해야 하는데, 회사에서 배우고 경험했던 역량과 능력을 부동산 투자에도 최대한 적용하고 발휘하면, 부동산 투자에서도 성공할 수 있다고 생각한다.

'Part3 나는 부동산 투자로 더 행복한 삶을 꿈꾼다'에서는 2,000만 원으로 시작한 부동산 투자, 수익형 부동산 투자, 지방 부동산 투자, 부동산 경매, 일반 매매, 패찰 물건들, 셀프 인테리어와 등기 등에 대한 이야기다. 경매 및 매매를 통한 실제 부동산 투자 사례들이며, 이와 관련된 임대, 등기, 인테리어 등에 대해 설명한다.

'Part4 직장인과 자영업자를 위한 틈새 재테크 노하우'에서는 세관 공매, 자동차 경매, 생활 재테크, 복리의 마법 '72법칙', 은행거래 100% 활용법, 핀테크 어플 활용, 재무설계, 재무상태표와 현금흐름표, 자산관리 등에 대한 이야기다. 퇴직을 고민하는 40~50대 직장인뿐만 아니라 자영업자를 위한 틈새 재테크 노하우에 대해 설명한다.

이 책은 경제적 자유를 향한 필자의 재테크 경험담이며 투자 이야기다. 이 책을 통해 부동산 투자, 자동차 경공매, 세관 공매에 대한 이해를 돕고, 직장인과 자영업자가 경제적 자유를 만들어가는 데 작은 도움이 되었으면 한다. 지금 당장 은퇴가 없는 두 번째 직업을 준비하자. 그리고 두 번째 직업을 통해 인생의 터닝 포인트를 만들어보자.

2015년 9월 '좌포의 부동산 경매 더리치'에서 부동산 투자에 대한 공부를 시작했다. 새싹반부터 시작한 부동산 공부는 연회원을 통해 현재까지 지속해왔으며, 부동산 경·공매 및 일반 매매를 통해 실전 투자를 해왔다. 이러한 실전 경험과 지식을 통해 또 다른 기회를 얻을 수 있었다. 더리치에서 투자 심화반(실전반) 강의를 진행하게 된 것이다. 강의를 통해 부동산에 대해 더 많은 것들을 배울 수 있었다. 멘토이신 좌포님은 부동산 강의와 더불어 부동산 관련 책을 써보라는 조언도 해주셨다. 하지만 경험과 지식이 부족했던 내가 책을 쓰는 것은 무리라고 생각했다.

이후 2년이라는 시간이 흘렀다. 기회는 우연히 찾아오는 것일까? 아니면 기회는 우연으로 만드는 것일까? 내가 책을 쓰게 되었다. 책을 쓰게 된 계기는 소소한 대화에서 시작되었다. 부동산 공부를 함께 시작한 '좌포의 부동산 경매 더리치' 새싹반 동기 부몽님, 랄라님과 함께 이야기하는 도중에 5년간 우리의 부동산 투자 이야기에 대해 공개 강의도하고 1권의 책으로 함께 써보자는 작은 아이디어에서 출발했다. 그런데이게 큰 프로젝트가 되어서 각자 자기 자신의 책을 쓰게 되었다. 사실, 내가 혼자서 생각하고 계획했다면, 나만의 책을 쓸 수 없었을 것이다. 부몽님과 랄라님이 이끌어주고 함께해주었기에 나의 부동산과 재테크이야기가 나올 수 있었다. '멀리 가려면 함께 가라'라는 말을 되새기면서부몽님과 랄라님에게 감사드린다. 부동산뿐만 아니라 인생에 대해서 항상 좋은 말씀과 가르침을 주셨고 이번 책을 쓸 수 있도록 기회와 용기를주신 멘토 좌포(김종성)님께도 감사의 말씀을 드립니다. 책이 나올 수 있도록 기회와 도움을 주신 두드림미디어 한성주 대표님께도 깊은 감사의말씀을 드립니다. 그리고 꼼꼼하게 원고 교정을 도와주신 출판사 최윤경 팀장님, 더리치 맥스아시아(주우람)님, 올랑드(임태훈)님, 채채(전보영)님에게도 감사의 말씀을 전한다

인생의 나침반과 가이드가 되어주신 어머님. 항상 자식 걱정과 하늘보다 높고 바다보다 깊은 사랑을 한결같이 주신 어머님께 늘 감사하고

존경합니다.

　사랑하는 나의 아내에게 미안한 마음과 함께 감사한 마음을 전하고 싶다. 남편으로서 아빠로서, 그리고 자식으로서 부족한 나에게 항상 나의 편이 되어 함께 고민해주고 깊이 이해해주고 든든하게 지원해주어서 더욱 고맙다. 그리고 아내로서 엄마로서 그리고 자식으로서 늘 가족을 아끼고 사랑으로 지켜줘서 감사하다. 사랑하는 아들 재호와 재원이에게 건강하고 밝게 자라주어서 고맙다. 이번 추석 연휴에 함께 책을 검토해준 조카 재영이에게 감사함을 전한다. 그리고 조카 재권이에게도 큰 형으로서 동생들을 잘 이끌어주어서 감사함을 전한다.

아이언맨

목차
CONTENTS

MENTORING

ESTATE

Part
1
인생의 터닝 포인트가 된
부동산 투자

나는 행운이란
준비와 기회의 만남이라고
생각한다

- 오프라 윈프리 -

1

실천하지 못해
놓쳐버린 기회들

카이로스   출처 : 위키미디어

카이로스는 그리스어로 기회 또는 특별한 시간을 의미하는 '기회의 신'이다. 이 그림을 보면 카이로스의 벌거벗은 모습을 볼 수 있는데, 이는 다른 사람의 눈에 쉽게 띄기 위함이라고 한다. 또 앞머리가 무성한 것은 쉽게 자기를 붙잡을 수 있도록 하기 위한 것이라고 하며, 뒷머리가 대머리인 것은 카이로스가 지나가고 나면 다시는 자기를 붙잡지 못한다는 뜻이라고 한다. 등에 달린 커다란 날개도 모자라 발에 날개가 달려 있는 이유는 최대한 빨리 사라지기 위한 것이며, 이것을 기회라고 한다. 그리고 왼손의 저울은 분별력, 오른손의 날카로운 칼을 뜻한다.

인생에서는 수많은 기회가 오고 있지만, 카이로스와 같이 분별력과 결단력을 가질 때 그 기회를 잡을 수 있다는 메시지다. 기회는 누구에게나 주어지고, 그 기회를 잡을 수 있지만, 한번 지나가면 다시는 잡을 수 없는 카이로스의 뒷머리와도 같다.

'기회는 준비된 자에게 온다'라는 말을 믿고 싶다. 지난 세월을 되돌아보면 서울에 집을 살 수 있었던 기회가 몇 번 있었다. 하지만 준비가 되어 있지 않았기 때문에 기회가 온 것을 기회인지 알지 못했고, 하물며 그 기회가 가까이에 왔는지조차도 몰랐다.

이 책을 집어든 당신에게 다음과 같은 질문을 던져보고 싶다.

· 지금 당신의 인생을 뒤집을 수 있는 것이 무엇이라고 생각하는가?
· 지금 부동산 투자를 위한 준비가 되어 있는가?

이 질문에 필자는 '네, 이미 준비를 끝낸 상태입니다'라고 대답할 수 있다. 필자도 과거에는 여러분들처럼 준비가 되어 있지 않았다. 필자는 2015년 부동산 투자를 시작했고, 이제 겨우 투자 5년차에 접어들었다. 그때 투자를 시작하지 않았다면, 미래에 대한 불안뿐만 아니라 경제적 자유를 꿈꾸지 못하고 변화 없는 삶의 연속이었을 것이다. 필자에게 2015년 부동산 투자는 인생의 터닝 포인트였다.

아무 준비도 없이 가만히 누워 입을 쩍 벌리고 감이 떨어지기를 기다리는 사람은 없다. 지혜롭게 인생을 준비했다면 최고는 아니어도, 자신한테 다가온 기회를 놓치지 않을 것이다.

우연이라는 것도 제대로 준비했을 때 찾아오는 법이다. 늦지 않았으니 지금부터라도 준비된 우연(터닝 포인트)을 만들어보자. 인생의 터닝 포인트는 의외로 단순하다. 자신한테 온 기회를 잘 활용하면 내 인생 최고의 기회로 만들 수 있기 때문이다. 터닝 포인트를 만드는 것은 바로 나 자신이다.

위기는 기회였다

필자는 1996년 사회 생활을 시작했다. 회사 생활 1년만인 1997년 발생한 IMF 외환위기 이후 세상의 모든 것이 바뀌었다. 빚이 있는 사람은 빨리 빚을 갚아야 했고, 부동산을 취득하기 위해서 대출을 받는 것은 말도 안 되는 일이었다. 더군다나 재테크 수단이었던 주식뿐만 아니라 부동산도 절대로 손대서는 안 되는 것이었다. IMF 외환위기 경험은 내 인생에서 잊히지 않는 큰 사건이었고, 부동산 투자를 하기 전까지 대출과 투자는 멀리해야만 하는 것으로 인식하고 있었다.

> '위기(危機)'는 '위험(危險)'과 '기회(機會)'가 합쳐진 말이다. 위기가 닥쳤
> 을 때 기회라고 되뇌어야 한다. '위기는 기회다'라는 점을 늘 명심해야
> 한다. 위험하다고 두려워하고 움츠리면 기회를 만들 수가 없다. 기회
> 는 일어나는 것이 아니라, 자기 자신이 만드는 것이다.

되돌아보면 IMF 외환위기는 필자에게 큰 위험인 동시에 기회였다. 대출을 받아서는 안 되고 대출은 가능한 한 빨리 갚아야만 한다고 어릴 때부터 배웠던 것이 위기를 위험이라고 단정해버린 사고의 고착이었다. 투자는 남의 이야기였고, 필자는 주변 지인을 통해 가입한 보험과 예금만이 자신이 할 수 있는 전부라고 생각했다.

필자가 믿었던 보험과 예금의 재테크 결과는 어떨까? 나쁘지 않다고 생각할 수 있지만, 자산 증식과 수익률 측면에서 비교해보면 좋은 결과는 아니었다.

다음의 표는 1년에 500만 원을 모아서 4년 동안 종잣돈 2,000만 원을 만들어 18년간 투자한 예상 결과다. 부동산에 투자했다면, 투자금 대비 6배 이상의 수익을 올릴 수 있었으며, 수익률은 연간 28% 이상이다. 투자금 2,000만 원과 전세 보증금 5,000만 원의 레버리지를 활용하면, 2000년 군포시 S 아파트를 6,800만 원에 매입할 수 있었다. 현재 이 아파트의 매매 가격은 17,000~18,500만 원 수준으로 2.5배가 올랐다. 반

면, 필자는 예금과 보험에 가입했다. 예금은 연 5% 복리로 계산할 경우, 2.4배의 수익을 올릴 수 있다. 하지만 저금리 추세를 고려하면 수익금과 수익률은 이보다 훨씬 더 떨어진다. 예금과 비교해서 부동산의 수익은 최소 3.5배 이상 높다.

(단위 : 만 원)

구분	예금	부동산	비고
투자금	2,000	2,000	- 예 금: 연5% 복리
수익금	2,813	10,200	- 부동산: 부동산뱅크, 군포시 S 아파트 * 세금은 반영하지 않음.

예금과 부동산 투자의 수익 비교표

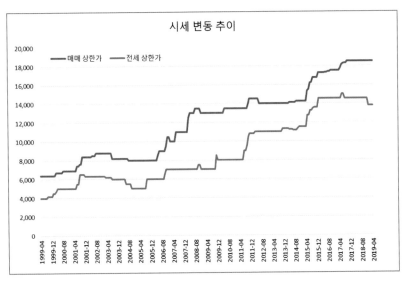

부동산 뱅크, 군포시 S 아파트 52㎡ 시세 차트

정말 집을 꼭 사야 할까?

· 정말 집이 필요한 걸까?
· 집을 꼭 사야 하는 걸까?

많은 사람들이 지금도 여전히 이 질문에 대해 고민하고 있을지 모른다. 사회 초년생 시절, 나는 막연한 생각으로 당연히 집을 사서 내 집을 마련해야만 한다고 생각했다. 하지만 구체적인 내 집 마련 계획과 실천 의지가 없었다.

집이란 무엇일까? 예전부터 집은 소유해야 하고 부의 상징 또는 성공의 상징이었다. 왜냐하면, 노후 대비로도 필요하고 재테크 수단으로 좋은 방법이었기 때문이다. 그리고 집은 심리적 안정을 취할 수 있는 쉼터이기도 했다. 아무튼, 우리에게 '내 집 마련'은 하나의 큰 목표였고 이를 달성하기 위해 열심히 저축하고 노력해왔다.

'빚내서라도 집을 사라'는 말을 들어본 적이 있을 것이다. 어느 날 직장 동료와 이사님과 함께 점심 식사를 하면서 내 집 마련에 관한 이야기를 나눈 적이 있었다. 이사님은 대출을 받아서 내 집 마련을 하라고 조언해주셨다. 본인이 젊었을 때 어느 누구로부터 이러한 조언을 듣지 못했는데, 되돌아보니 내 집 마련은 대출을 통해서 진행하는 것이 가장 빠른 방법이고, 대출을 갚아가면서 온전한 내 집을 마련할 수 있다고 말씀해주셨다. 즉, 현금(저축)만으로 내 집을 마련할 수 없다고 조언해주셨다. 하지만 IMF 외환위기 이후 대출에 대해 매우 부정적인 생각이 고착되어 있는 상태였고 돈도 별로 없어서 이러한 조언은 그냥 요기할 때 덤으로 올라오는 반찬 정도로 한쪽 귀로 듣고, 한쪽 귀로 흘려보내는 이야깃거리밖에 안 되었다.

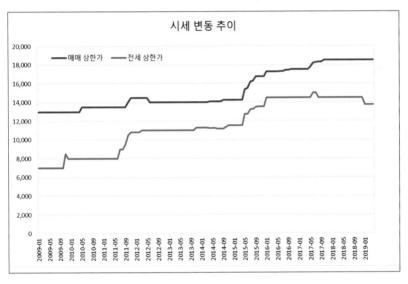

부동산 뱅크, 군포시 S 아파트 52㎡ 시세 차트

투자와 재테크 관점에서 비교해보자. 위의 그래프는 다시 군포시 S 아파트(52㎡)의 최근 10년간 시세 변동 추이다. 2009년 1월 매매 가격은 13,000만 원이고 2019년 4월 매매 가격은 5,500만 원이 오른 18,500만 원이다. 2009년 1월 전세 보증금 7,000만 원을 레버리지로 활용해 6,000만 원을 투자했다면 아파트를 매입할 수 있었다. 현재 전세 가격은 이전 전세 금액보다 6,750만 원이 오른 13,750만 원이다. 10년 만에 투자금 6,000만 원을 회수한 것이다. 투자금 대비 2배 이상의 수익을 올렸으며, 수익률은 연간 9% 이상으로 은행의 예금금리와 비교할 수도 없을 만큼 높다. 집을 반드시 사야 하는 이유가 바로 여기에 있다. '정말 집을 꼭 사야 하는 걸까?'라고 질문을 받는다면, 필자는 망설임 없이 '사야 한다'고 대답할 것이다.

언제 집을 사야 할까?

2001년 초, 전세로 살고 있던 집을 재건축한다고 가능한 한 빨리 집을 비워달라고 했다. 예정된 이사 계획이 없었는데 살 집을 급하게 찾아봐야만 했다. 더군다나 모아둔 목돈도 없었기 때문에 가격이 높지 않은 곳을 위주로 알아봐야만 했다. 그리고 아내와의 직장 위치를 고려해 중간 지역이면서 전철이 연결되는 곳이 좋을 것 같았다.

사람들이 실거주 집을 선정하는 이유 : 사용 가치 집중
· 교통편
· 주택 가격
· 쇼핑 편의시설
· 병원,관공서 등 사회서비스
· 학군·학원

· 지역개발 계획 등

투자자로서 실거주 집을 선정하는 팁 : 사용 가치 + 투자 가치(개발)
· 사용 가치가 높은 곳
· 선호 지역(입지) 및 수요가 많은 곳
· 지하철, GTX 등 교통 및 생활편의시설 개발 계획
· 입주 물량이 부족한 곳

1호선 석수역 근처 23평 신축 아파트의 매매 가격은 12,000~13,000 만 원까지 가 있었는데 전세 가격은 8,000만 원 수준이었다. 당시 거주 환경이 좋은 편은 아니었지만, 지하철을 이용할 수 있어서 나쁘지는 않 다고 생각했다. 하지만 우리가 가지고 있는 자금을 고려했을 때, 부담스 러운 가격이었기 때문에 다른 곳을 알아봐야만 했다. 그때 투자와 대출 에 대한 긍정적인 마인드가 조금이라도 있었더라면, 집을 살 수 있었던 기회였고 투자 경험을 쌓을 수 있었을 텐데 하는 아쉬움이 남는다.

집을 계속 알아보고 다녔지만, 직장 생활 때문에 충분한 시간을 갖고 낮 시간대에 알아보는 것이 쉽지 않았다. 또한, 부동산에 대한 지식도 없 었고 경험도 많지 않았기 때문에 어떤 집이 좋은 집인지도 알 수 없었다.

어느 날 토요일 오후, 아내와 함께 남구로역 근처를 알아보게 되었 다. 집을 빨리 구해야 했기 때문에 저녁 시간대까지 집을 알아보고 다

녔다. 어두워진 저녁 시간대에 신축한 지 얼마 되지 않은 빌라 3층 집을 보게 되었다. 기존에 보았던 다른 집들과 비교해서 내부가 깨끗해서 매우 좋아 보였다. 하지만 2~3번 더 알아보고 결정했어야 했는데, 급한 마음에 그날 저녁에 바로 계약을 하고 말았다.

밤에 집을 보고 결정하는 것이 아니었는데, 시간과 자금의 여유가 없었기 때문에 나쁜 선택을 했다. 당시 매매가 아니라 전세를 알아보았으나, 전세는 정말 구하기 어려웠고 가격이 너무 많이 올라 있었다. 매매 가격은 6,500만 원이고 전세 가격은 5,500만 원이었다. 1,000만 원 정도를 추가하면 집을 살 수 있다고 부동산 중개사는 매입을 계속 권했기 때문에 잘못된 선택을 했던 것이다.

돌이켜보면, 부동산 중개사의 꾐에 넘어가 매매가 안 되고 있었던 집을 우리가 샀던 것이다. 설상가상으로 계약 이후 알게 되었는데, 이 집은 등기도 되어 있지 않았다. 당시 소유권 이전과 함께 입주할 때까지 불안한 마음을 떨칠 수가 없었다. 그러나 누구를 탓할 수 있으랴, 모든 책임은 필자 본인에게 있었다.

입주 후 깨끗한 내부는 아무 소용이 없었다. 주차 등으로 불편함이 많았고 접근성, 편리성 및 주위 환경이 모두 좋지 않았다. 거주하면서 자동차 사이드미러가 깨져 있는가 하면 불법주차 견인, 불안한 주위 환경 등 좋지 않은 기억들이 많았다. 가능한 한 빨리 이사를 해야겠다는 생각밖에 없었다. 2003년 매입한 가격 수준으로 운 좋게 매도하고 아파트 전세를 구해서 이사했다.

입지 환경과 부동산 가치를 고려해 당시 다른 선택을 했다면 어떻게 됐을까? 안양시 L아파트를 대출 5,500만 원과 투자금 6,500만 원으로 매입하고 2년 후 매각했다면 68% 수익을 올릴 수 있었다. 반면, 매입한 다세대주택은 2년간 수익이 전혀 없었다. 선택을 잘못해서 큰 기회를 놓치게 되었다.

(단위 : 만 원)

구분	다세대주택	아파트	비고
투자금	6,500	12,000	− 대　출: 5,500만 원, 년5%, 2년간 이자 550만 원 − 다세대주택: 남구로역 2룸 빌라 − 아파트: 부동산뱅크, 안양시 L아파트 * 세금은 반영하지 않음.
수익금	−	4,450	
수익률	−	68%	

다세대주택과 아파트 투자 수익 비교표

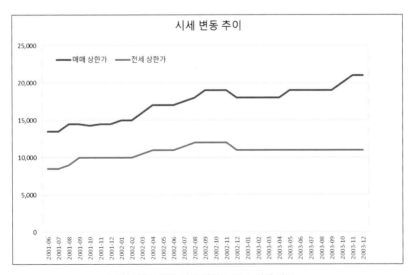

부동산 뱅크, 군포시 S 아파트 52㎡ 시세 차트

그렇다면 언제 집을 사야 할까? 부동산 투자와 재테크 관점이 아니라 살아온 삶의 경험에서 생각해보자. 대부분의 사람은 부모님 곁을 떠나 사회 생활과 결혼 생활을 시작하면서 당장 거주해야 할 집을 구해야 한다. 필자 역시 결혼을 하고 아이가 크면서 살 집에 대해 고민했었다. 이것은 내가 선택하는 것이 아니라 일련의 삶의 과정이다.

구체적인 내 집 마련 계획과 실천 의지가 없었더라도 이러한 삶의 과정에서 자신만의 부동산 투자(매수) 기회를 만들었다면, 내 집 마련과 함께 재테크라는 1석 2조 효과를 얻을 수 있지 않을까 한다.

아래 그래프는 통계청이 2016년 발표한 '이사 계획 지역 선택 이유'다. 삶의 과정에서 이와 비슷한 이유로 이사를 하게 된다. 이러한 이사 계획을 갖고 있다면 전·월세보다는 매매를 통한 똑똑한 이사를 해보면 어떨까?

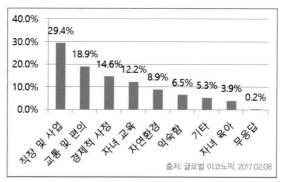

이사 계획 지역 선택 이유

결혼한 후, 18년 동안 이런저런 이유로 총 7번의 이사를 했다. 평균 2.6년마다 이사했다. 이사할 때 부동산 투자(매수) 기회로 만들었어야 했지만, 필자는 매수보다는 전세를 선택했었고 늘 아내에게 이사에 대한 무거운 짐을 떠넘겨왔다. 이사를 계획할 때 부동산 매수를 아내와 함께 고민했더라면, 자산 증식의 기회를 만들 수 있지 않았을까 하는 아쉬움이 남는다.

2

불확실한 미래에 대한 걱정

직장인 스트레스 1위는 무엇일까?

한 설문조사에 의하면, '미래에 대한 불안감'으로 가장 많은 스트레스를 받는다고 한다. 직장인뿐만 아니라 자영업자들도 불투명한 앞날을 예측할 수 없기 때문에 미래에 대한 불안과 걱정이 높아만 가고 있다. 그동안 열심히 살아왔지만, 필자 역시 불안한 현실과 불확실한 미래에 대한 걱정으로 고민이 많았다.

미래에 대한 걱정은 경제(돈)가 출발점이면서 핵심이다. '경제적 자유'를 얻을 수 있다면, 불확실한 미래에 대한 걱정, 즉 생계에 대한 걱정으로부터 탈출할 수 있지 않을까? 반대로 경제적으로 어려워진다는 것은 자신뿐만 아니라 가족, 친구 등의 인간관계까지도 부정적인 영향을 미친다.

그렇다면 경제적 자유를 얻을 수 있는 방법은 무엇일까?

지름길이나 특별한 방법이 있을까?

대한민국에서 처음으로 '부자학'이란 개념을 만든 서울여대 한동철 교수가 일반인에게 알려주는 부자가 되는 6가지 비결에서 경제적 자유를 위한 힌트를 얻을 수 있다.

첫째, 일반 직장 그만두고 당장 장사에 뛰어들어라

둘째, 출생에 답이 있다. 부자 아빠를 두어라

셋째, 부자와의 결혼을 통한 신분 상승을 노려라

넷째, 혹시 운이 따르면 부자가 될 수도 있다

다섯째, 부자만이 가진 정보를 습득하라

여섯째, 이도 저도 아니라면 죽으라고 절약하고 투자해서 모아라

힌트를 얻었는가? 부자가 되는 것이 절대 쉽지 않음을 알 수 있다. 하지만 평범한 직장인 또는 일반인이 실천할 수 있는 핵심 비결은 여섯 번째라고 생각한다. 즉, 경제적 자유를 얻기 위해 저축하고, 절약하고, 투자하는 것이다. 그리고 꾸준한 정보 습득과 학습을 통해 똑똑한 투자를 지속적으로 실행한다면, 행운도 따라 부자가 될 것이다. 또한 사업적인 마인드가 있다면, 성공적인 장사 또는 회사 경영을 통해 부자가 될 수 있다.

월급쟁이를 언제까지 할 수 있을까?

평생직장이라는 말은 구시대의 유물이 된 지 오래다. IMF 외환위기를 경험한 평범한 월급쟁이라면 누구나 직업을 잃을지 모른다는 두려움을 갖고 살아왔을 것이다. 직장에서 남들에게 뒤처지지 않고 살아남기 위해 회사에서 요구하는 스펙을 쌓고 자기계발에 몰두해왔다. 자기계발은 생존을 위한 선택이 아닌 필수였다. 이러한 노력에도 불구하고 회사는 더 이상 당신을 책임져주지 않는다. 정년이 연장되었다고 해도 미래에 대한 불확실성으로 많은 생각을 하게 만든다. 결국, 현재 회사에 다니고 있더라도 언젠가는 떠나야 한다는 사실이다.

그렇다면 다니고 있는 직장을 언제까지 다닐 수 있을까?
지금 하는 일을 언제까지 할 수 있을까?
다르게 질문해보자.
언제까지 월급쟁이만 할 것인가?

단순히 직장을 옮기는 것에 대한 질문이 아니다. 100세 시대, 은퇴해도 못 쉬는 '반퇴 시대'를 어떻게 준비할 것인지에 대한 질문이다. 회사가 싫어서 또는 경쟁에 밀려서 회사를 떠나는 것이 아니라 반퇴 시대에 자발적으로 회사를 떠날 준비를 하자는 것이다. 그래서 지금이라도 우리는 생각을 전환해야 한다. 전직이 아닌 전업으로 두 번째 평생 직업을 준비해야 한다는 생각의 전환이 필요하다. 100세 시대에 노후 준비는 은퇴 없이 최대한 오랫동안 일할 수 있는 직업을 찾는 일이 더 중요하다.

우리는 지금 4차 산업혁명 시대에 살고 있으며, 지금까지 겪어보지 못했던 급변하는 시대를 경험하게 될 것이다. 변화의 가운데에 서 있지만, 미래의 변화에 대해 알 수 없다. 4차 산업혁명으로 인해 많은 직업군이 사라지고 새로운 직업군이 생겨날 것이다. 미래의 유망 직업은 컴퓨터 시스템 전문가, 통신·방송 장비기사 등을 예상하고 있다. 하지만 언젠가는 회사를 떠나야 한다는 사실을 잊지 말자.

아직 '청춘'인데, 희망퇴직을 하다

IMF 외환위기를 겪은 동료들은 밖은 지옥이니 버티고 또 버텨야 한다고 했다. 필자 역시 준비가 되지 않은 퇴직이 두려웠다. 하지만 나는 내 인생을 살기로 결심했다. 회사에서 제안한 희망퇴직 열차를 탄 것이다. 인생의 터닝 포인트가 될 수 있는 놓쳐서는 안 될 기회라고 생각했다.

"은퇴해도 못 쉬는 '반퇴 시대'가 왔다." 2015년 1월 모 일간지 1면 헤드라인이다. 은퇴한 뒤에도 쉬지 못하고 20~30년 생계를 위해 일해야 한다는 것이다. 희망퇴직 등으로 조기퇴직이 늘고 있는데, 이는 5년 뒤 덮칠 퇴직 쓰나미의 예고편이다. 최근 뉴스를 보면, 청년 실업뿐만 아니라 중장년층 실업 또한 큰 이슈가 되고 있지만, 여전히 개선되고 있지 않다.

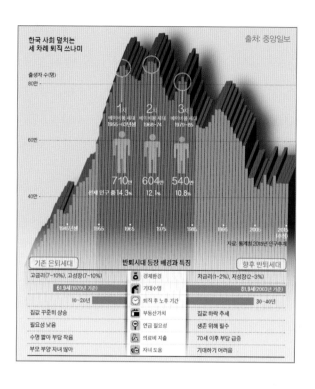

영화 속 여행처럼 즐거울 것이라고만 기대하지 않았다. 준비하지 않은 희망퇴직의 현실은 결코 쉬운 게 아니었다. 하지만 '하늘은 스스로 돕는 자를 돕는다'라는 말처럼 스스로 자신의 운명을 개척하기 위해 열심히 노력한 결과, 필자는 운 좋게도 훌륭한 멘토를 만났고 성공적인 부동산 투자를 할 수 있었다. 의도하지는 않았지만, 전직이 아닌 전업으로 두 번째 직업을 선택할 수 있었다.

최근 퇴사 또는 창업에 대해 책이나 뉴스를 많이 접할 수 있다. 회사는 더 이상 당신을 책임져주지 않기 때문에 빨리 회사를 나와 창업해야 한다고 한다. 정말 퇴사가 답일까? 필자는 이 말에 전적으로 동의하지 않는다. 각자의 환경과 조건이 다르기 때문이다. 그리고 준비되지 않은 퇴사는 지옥이 될 가능성이 있다.

은퇴하지 않는 두 번째 직업을 준비하라

인생 100세를 준비해야 한다. 더 이상 남의 일이 아니다. 기대수명의 증가로 오히려 은퇴 기간은 점점 더 늘어나고 있다. 즉, 돈을 버는 기간보다 소비하는 기간(은퇴 후 생활)이 더 길어져 더 많은 은퇴 자금이 필요하다. 직장 생활은 30년으로 변동이 없지만, 은퇴 후 생활은 26년에서 40년으로 대폭 늘어났다.

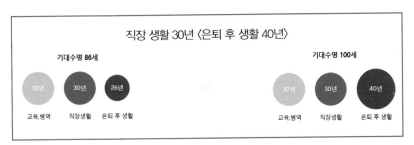

시티은행 은퇴 설계

인생 100세 시대에 퇴직 전까지 노후의 기반을 만들지 못하면 고단한 노후의 삶을 피하기 어렵다. 하지만 현실은 녹록지 않다. 자식에게 기대하는 것은 일찌감치 포기하는 게 낫다. 부모에게 손 벌리지 않는 것만으로도 감사해야 할지 모른다. 결국 노후는 스스로 책임져야 한다는 것이고, 최고의 노후 대비는 은퇴하지 않는 것이라고 할 수 있다.

퇴직이 두렵지 않은 직장인이 되려면 어떤 준비를 해야 하는가? 앞에서 이미 언급했듯이, 경제적 자유를 위한 시스템을 구축해야 한다. 경제적 자유를 얻기 위해 월급쟁이라는 레버리지를 최대한 활용해야 한다. 필자는 아쉽지만 이러한 경험과 지식이 없는 문외한이었다. 부자학에서 언급했듯이 저축하고 절약해 종잣돈을 마련한 후 대출 레버리지를 최대한 활용해 투자한다면, 퇴직 전에 경제적 자유를 만들 수 있다고 확신한다. 투자 종목은 부동산, 주식, 채권, 펀드 등 다양하기 때문에 각자가 판단해서 결정해야 한다. 그동안의 투자 경험과 지식을 바탕으로 필자는 부동산 투자를 최우선으로 권하고 싶다.

필자는 퇴직 후, 두 번째 직장과 직업에 대해 준비했다. 이러한 이유로 불확실한 미래에 대해 걱정하지 않을 수가 없었다. '기승전 치킨집'이라는 말을 들어본 적이 있는가? 문과 출신이든 이과 출신이든 어디 대학을 나왔든, 결국은 퇴직 후 '치킨집' 창업이라는 이야기다. 많은 퇴직자들이 이러한 프랜차이즈를 두 번째 직업으로 생각하는지 모르겠으나, 필자는 부동산 투자를 두 번째 직업으로 선택했다. 이유는 매우 간단하다. 시간을 내 마음대로 자유롭게 조정해서 사용할 수 있다는 것이다. 그리고 내가 좋아하고 잘하고 싶은 일을 고른 것이다.

100세 시대, 두 번째 직업을 준비해야 한다. 이제 두 번째 직업은 선

JTBC 뉴스룸 앵커브리핑

택이 아니라 필수다. 경제적 자유를 위해서일 뿐만 아니라 행복한 삶을 위해서 지금 찾아야 하는 것이다. 은퇴를 앞두고 있거나 이미 은퇴한 사람이라면, 주위 지인 또는 선배로부터 조언을 받거나 두 번째 직업을 준비하기 위해 아래 교육기관에서 도움을 받을 수 있다.

두 번째 직업을 위한 교육 기관

국비지원교육정보센터 (www.gukbi.com)
중소벤처기업부 K-Startup (www.k-startup.go.kr)
중소기업기술정보진흥원 (www.tipa.or.kr)
서울시 여성능력개발원 (www.seoulwomanup.or.kr)
대한노인회 서울시연합회 (http://seoulsenior.or.kr)

고용노동부 워크넷 (www.work.go.kr)

고용노동부 장년워크넷 (www.work.go.kr/senior/main/main.do)

서울시 어르신취업지원센터 (www.goldenjob.or.kr)

서울시 50 이후의 삶을 준비하는 곳 (50plus.or.kr)

서울시 평생학습포털 (sll.seoul.go.kr)

3

부동산을 만나다

부동산 투자를 시작하기 전까지 필자의 재테크 투자는 적금과 예금, 그리고 보험이 전부였다. 종종 통장을 점검해보면 부어야 할 기간이 아직도 많이 남아 있는 것만을 확인할 수 있었다. 2015년 은행과 증권회사 담당자의 상담을 받으면서 저축과 보험의 포트폴리오를 변경했다. 일부 보험 납입 금액을 줄이거나 펀드로 변경했고, 적금과 펀드에 가입했다. 결과는 슬프게도 그저 그렇다. 저성장·저금리 시대에 재테크는 쉽지 않았다.

친하게 지냈던 선배와 종종 만나면서, 강남에 투자한 투룸 빌라에 대한 이야기를 들을 수 있었다. 하지만 평소 부동산에 관심이 없었던 터라 부동산에 관해서는 한 귀로 듣고 한 귀로 흘렸었다. 내용도 잘 모르고 이해도 못 했기 때문이다. 지금 돌이켜 생각해보면, '갭 투자'와 '수익형 부동산 투자'에 관한 것들이었다. 부동산 재테크 투자에 대해 조금이라도 관심이 있었더라면, 더 좋은 기회를 찾지 않았을까 하는 아쉬움이 남는다.

선배의 소개로 2015년 7월 초, 아내와 함께 서초구에 위치한 수익형 부동산 투자 설명회에 참석하게 되었다. 사실 투자 설명회가 아니라, 분양에 대한 본 계약을 작성하는 자리였다. 선배는 사전에 가계약을 신청했었고 이번에 정식 계약을 했다. 업체 담당자와 선배의 설명을 들었지만, 필자는 자세한 정보를 확인하지 않은 상태에서 계약을 할 수 없었다. 또한 이러한 경험이 없었기 때문에 성급하게 결정할 수도 없었다. 이후 필자는 까맣게 잊고 있었지만, 주말 동안 아내는 입지, 투자금, 이자, 수익 등을 검토해서 투자 여부에 대해 많은 고민을 했다. 그러다 며칠 후, 필자에게 투자하는 것을 제안했고 투자하기로 결정했다. 필자가한 것은 아내의 제안에 전적으로 동의하는 것이 전부였다. 똑똑한 아내의 결단 덕분에 필자의 부동산 투자 여행이 시작되었다.

1% 금리시대, 수익형 부동산이란?

필자의 부동산 투자 공부는 대출에 대한 걱정으로부터 출발했다. 매매 금액의 20%만 투자하면 서초동 투룸 빌라를 매입할 수 있다고 했다. 20%도 작지 않은 금액이었다. 다른 이야기로 하면, 매매 금액의 80%가 대출인 것이다.

'이게 가능할까? 대출이 너무 많은 게 아닌가? 대출에 대한 이자는 어떻게 감당하지?'

이러한 걱정과 질문에서 부동산 투자 공부가 시작되었다. 설명을 몇 번 들어도 처음에는 이해가 되지 않았다. 대출, 즉 빚에 대한 무게감 때문이었다. 설명에 의하면, 최소 수익률이 6% 이상이라고 한다. 1~2%의 은행 이자와는 비교가 되지 않는다. 왜 수익형 부동산에 투자해야 하는지 그 이유가 여기에 있다고 할 수 있다. 수익률에 대해서는 나중에 이야기하기로 하고 수익형 부동산에 대해 알아보자.

수익형 부동산이란 무엇일까? 투자 부동산을 '수익형 부동산'과 '(시세)차익형 부동산'으로 분류할 수 있다. 쉽게 말해서, 월세를 받는 것이 수익형 부동산이고, 전세를 놓고 향후 가격 상승으로 인해 차익을 실현하는 것이 시세차익형 부동산이다. 50쪽의 표는 수익형 부동산과 차익형 부동산을 비교한 내용이다.

상가, 오피스텔, 원룸 등이 대표적인 수익형 부동산이며, 이외에도 상가주택, 지식산업센터, 업무용 오피스, 물류창고, 펜션 등이 있다. 최근에는 세어하우스, 게스트하우스, 분양형 호텔, 서비스드 레지던스 등이 새롭게 등장했다. 수익형 부동산은 매달 안정적인 수익을 낼 수 있어 은퇴 후 노후를 준비하는 분들이 많이 선호한다. 그리고 낮은 금리의 대출을 활용하면, 실투자금이 줄어들어 수익률이 더 높아진다. 하지만 경기 하락, 금리 상승 또는 공급 과잉에 따른 수익률 저하 또는 공실의 위험이 존재하므로 유의해야 한다.

구분	수익형 부동산	차익형 부동산
목적	임대 수익(월세)	시세차익
종류	오피스텔, 상가, 도시형생활주택, 다세대주택, 다가구주택, 지식산업센터	아파트, 토지, 단독주택, 다세대주택
장점	월세 수익 대출을 통한 수익률 제고	거주와 투자 모두 가능 주택은 전세 활용 가능
단점	매가 상승 제한적임 금리 리스크 공실 및 연체 리스크 시설 및 임차인 관리 위험 노후화로 감가상각 위험	부동산 경기 상승 시 매매가/ 전세가 인상 가능 부동산 경기 하락 시 매매가/ 전세가 인하 리스크 (손실발생 위험)

수익형 부동산과 차익형 부동산의 비교표

시세차익형은 아파트와 토지가 대표적이다. 부동산 경기 또는 공급 및 정책에 따라 가격이 상승하거나 하락할 수 있지만, 장기적인 관점에서는 우상향할 가능성이 높다. 특히, 지하철 개통 등 주변이 개발되거나 재개발 또는 재건축, 이주 수요가 있다면 시세가 오를 가능성이 높다.

저성장과 저금리, 노령화 및 1인 가구의 증가 등으로 수익형 부동산에 대한 관심은 향후 계속 높아질 것이다. 그리고 최근 주거용 부동산 규제에 따라 시세차익형 부동산보다는 수익형 부동산이 선호될 것으로 보인다.

투자의 기준 수익률과 안전성

금융상품 투자 시, 투자의 원칙에는 '수익성', '안정성', 그리고 '유동성'이 있다. 수익형 부동산 투자에도 이러한 원칙이 적용된다. 아래는 모 경제지의 홍보성 기사인데, 해당 수익형 부동산의 수익성과 안정성을 언급하고 있다.

> 정부가 아파트에 규제를 집중하면서 투자자들은 '월세 나오는 부동산'인 상가에 관심을 두고 있다. 특히 단지 내 상가는 아파트 입주민이라는 배후수요가 있다 보니 투자자 입장에서는 **수익성**과 **안정성**을 동시에 기대할 수 있다.

수익형 부동산의 생명은 수익률과 안정성이다. 수익률이 아무리 높다고 하더라도 안정적으로 월세가 들어오지 않는다면 수익형 부동산으로서의 가치가 높다고 할 수 없다. 반대로 안정적으로 월세가 들어온다고 하더라도 수익률이 현저하게 낮다면 이 또한 수익형 부동산으로서의 가치가 높다고 할 수 없다.

일반적으로 수익형 부동산의 기대수익률은 시중금리보다 2~3배 높다. 오피스텔의 수익률은 5~6%, 도시형 생활주택은 4~5%, 상가는 6~8%, 업무용 오피스 5~6%, 분양형 호텔은 5~10%, 지식산업센터는 7~8%, 물류창고 임대업은 7~9% 수준이라고 한다. 그러면 수익률은 어떻게 계산할까? 수익 금액을 투자금으로 나눈 백분율이며, 다음 계산식과 같다.

$$\frac{(월세 \times 12개월) - (대출원금 \times 연이자율)}{(매매가) - (대출원금) - (보증금)} \times 100 = 수익률(\%)$$

예를 들어, 월세 100만 원, 대출원금 21,000만 원, 금리 3.5%, 보증금 3,000만 원일 경우, 투자금 8,000만 원, 수익금 465만 원, 수익률 5.8%이다. 수익률이란, 얼마를 투자해서 얼마를 얻을 수 있는가에 대한 비율이다. 따라서 수익형 부동산 투자는 월세와 매매 가격이 수익률을 결정한다.

그리고 수익형 부동산은 수익률도 중요하지만, 장기적인 안정성도 매우 중요하다. 연 5~10%의 수익을 올린다면, 10~20년 후 원금을 모두 회수할 수 있다. 따라서 짧게는 10년 길게는 10년 이상의 임대수익을 얻을 수 있는 상품을 선택해야 하며, 이러한 상품이 안정성이 높다고 할 수 있다.

앞에서 언급한 서초구 투룸 빌라는 현재 6% 이상의 수익률과 함께 향후 10년 이상의 임대수익이 가능할 것으로 예상한다. 가치가 높은 수익형 부동산을 좋은 타이밍에 매입했다고 생각한다.

수익형과 시세차익형 부동산의 포트폴리오

투자 격언 중 '계란을 한 바구니에 담지 말라'라는 말이 있다. 투자자가 아니더라도 일반인도 들어본 이야기일 것이다. 부동산, 주식 금융 등 모든 자산관리 측면에서 포트폴리오 구성은 당연히 필요하다.

그렇다면, 부동산 포트폴리오 구성은 어떠할까? 다음은 하나금융 그룹에서 작성한 '2019 한국 부자들의 자산관리 방식 및 라이프 스타일'에서 언급된 보유 부동산 포트폴리오 구성 현황이다. 거주 목적 주택 31%, 투자 목적 주택 15%, 상업용 부동산 42%, 토지 12%로 구성되어 있다. 거주 목적 주택을 제외할 경우, 수익형과 시세차익형 부동산의 포트폴리오는 수익형 부동산이 60% 이상으로 시세차익형 부동산보다 더 높다고 할 수 있다.

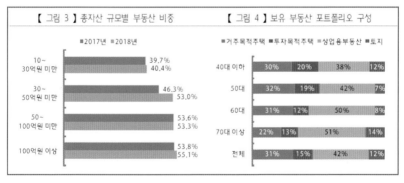

하나금융그룹, 2019 한국 부자들의 자산관리 방식 및 라이프 스타일

2019년 부동산 투자 심리가 위축될 것이란 전망이다. 반면 수익형 부동산은 부동산 대책에 따른 영향이 크지 않을 것이라고 한다. 다음은 한국경제에서 발췌한 부동산 포트폴리오 재편 전략에 대한 것으로 '임대 · 수익형 부동산으로 눈 돌려라'라고 조언하고 있다.

임대 · 수익형 부동산으로 눈 돌려라

부동산 포트폴리오 재편 전략

전용 60㎡ 이하 소형 아파트

도시형 생활주택 상가 유망

(한국경제, 2019.03.05.)

부동산 시장 상승기에는 시세차익형 부동산에 투자하고, 하락기에는 수익형 부동산에 투자해야 한다고 한다. 시장 상황에 따라 부동산 포트폴리오 구성을 바꾸는 것이 필요하다. 필자는 지금까지 60% 이상 시세차익형 부동산을 투자해왔지만, 이후 수익형 부동산을 목표로 포트폴리오를 재구성할 계획이다.

다세대주택와 다가구주택의 차이점이 뭐죠?

'좌포의 부동산 경매 더리치 카페' 새싹반 수업 도중에 '다세대주택와 다가구주택의 차이점이 뭔가요?'라는 질문을 받았다. 용어만 다르고 같은 것 아닌가? 말 그대로 다세대주택은 많은 세대가 사는 것이고, 다가구주택은 많은 가구가 사는 것 같은데, 결국 서로 같은 것인가… 교수님이 이런 질문을 하는 걸 보면 다세대주택과 다가구주택은 뭔가 다른 것 같았다. 이내 곧 차이점을 알게 되었다.

'세대'와 '가구'라는 용어의 정확한 뜻을 먼저 알 필요가 있다. '세대'는 구분등기가 가능한 소유권이 있는 개념이고, '가구'는 구분등기가 불가능한 소유권이 없는 개념이다. 이렇게 소유권을 기준으로 세대와 가구의 의미를 구별하면 다세대주택과 다가구주택을 쉽게 이해할 수 있다.

다세대주택은 한 건물 내에 다수의 세대가 살 수 있도록 건축한 4층 이하의 건물로, 건물의 전체 면적이 660㎡ 이하이면서 건축 당시 다세대주택으로 허가받은 주택을 말한다. 다가구주택은 구분등기가 불가능하기 때문에 건축법상 단독주택의 일종이다. 다가구주택은 단독주택에 포함되지만, 다세대주택은 공동주택의 범주에 포함되는 것이 주요 차이점이다.

구분	다세대주택	다가구주택
바닥면적	660㎡ 이하	660㎡ 이하
건물 소유주	다수 가능	1인 (공동소유 가능)
거주 세대수	제한 없음	19세대 이하
분양	개별 세대 분양, 소유 가능	불가
구분등기	개별 등기	단독 등기
주택 층수	4층 이하	3층 이하
등기부상 건축물 종류	공동주택	단독주택

다세대주택과 다가구주택의 비교표

4

부동산 경매와 멘토

'재테크로써 경매를 추천하고 싶은가?'라는 질문에 당신은 어떤 대답을 하고 싶은가? 필자는 망설이지 않고 부동산 경매를 추천하고, 꼭 배워보라고 권할 것이다. 만약 내가 부동산 경매를 몰랐더라면 불안한 현실과 불확실한 미래에 대한 걱정으로 이전과 다르지 않는 삶을 살고 있을 것임에 틀림없다. 하지만 경매의 바다에 빠진 후, 모든 게 달라졌다고 해도 과언이 아니다.

많은 사람들이 부동산 투자에 대한 공부를 먼저 할지, 아니면 부동산 경매를 배워야 할지 2가지를 놓고 고민한다. 언뜻 생각할 때 부동산 경매에 대한 부정적인 인식 때문에 꺼릴 수 있지만, 필자는 먼저 부동산 경매를 선택하라고 할 것이다. 경매를 배우면 부동산에 대한 기초적인 권리분석과 부동산을 요리할 수 있는 것을 배우기에 차후에 부동산을 사고 팔 때도 유용하기 때문이다.

오늘도 불안한 현실과 불확실한 미래에 대해 걱정하고 있는 자영업자 또는 평범한 직장인이라면, 지금 당장 부동산 경매와 부동산 투자를 시작하라고 말해주고 싶다. 그 이유는 부동산 투자를 통해 경제적·시간적 자유의 희망을 보았고, 그 가능성을 경험을 통해 실현해 나아가고 있기 때문이다. 필자의 부동산 투자는 친한 선배와 아내 덕분에 시작되었지만, 지금은 필자 스스로 더 열심히 배우고 경제적·시간적 자유를 꿈꾸며 이를 하나씩 실천해가고 있다.

저성장·저금리 시대에 부동산 투자는 선택이 아닌 필수다. 지금 당장 부동산을 여러분의 자산 포트폴리오에 추가해야만 한다. 부동산 투자가 당신의 미래와 노후를 지켜줄 것이기 때문이다. 경제적 자유를 향한 부동산 투자의 즐거움을 경험해보기를 권한다.

부동산 경매를 다시 만나다

2015년 7월 어느 날, 친한 친구로부터 전화가 걸려왔다. 몇몇 친구들과 만난 지도 오래되었고 오랜만에 얼굴도 보고 회포도 풀자는 전화였다. 당시 회사 일과 개인적인 일로 스트레스를 많이 받고 있었고 밀린 업무도 있어서 선뜻 대답을 못 하고 잠시 머뭇거렸다. 그런데 다른 친구들도 다시 시간 내기가 쉽지 않아서 이번에 만나자고 했다. 할 수 없이

'그래, 알았어'라고 대답은 했지만, 필자의 마음은 다른 곳에 있었다.

당시 필자는 투자한 투룸 빌라에 대해 고민이 많았다. 제대로 된 투자를 한 것인지에 대한 확신이 없었기 때문이었다. 수익형 부동산, 수익률 등을 알아보기 위해 부동산 투자 공부를 막 시작한 시점이었다. 한동안 점심시간이면 끼니를 거르거나 점심을 빨리 먹은 후, 회사 근처 서점에서 부동산 관련 책을 읽기 시작했다. 그리고 부동산 관련 정보를 찾기 위해 인터넷 검색을 많이 했다. 그러던 중에 '부동산 경매'라는 단어가 눈에 들어왔다. 사실 경매라는 단어를 알게 된 것은 20여 년 전쯤이었다. 직장 생활 초창기에 신문을 보고 재테크로써 '부동산 경매'에 대한 기사를 본 적이 있었다. 하지만 부동산 경매에 대해 제대로 알아보지도 않은 채 부정적인 생각을 가지게 되었다. 그 이유는 아주 간단했다. '경매'는 나쁘다는 은행에 다니는 친한 친구의 말 한마디에 비판 없이 그것이 나쁜 것으로 판단하고 인식했던 것이다.

오랜만에 친구들을 만나 술 한잔하면서 고달픈 직장생활, 아이들 이야기, 그리고 불확실한 미래에 대해 이야기를 나눴다. 그러던 중에 필자는 부동산 경매에 대해 어떻게 생각하는지를 친구들에게 물어보았다. 은행에 다니는 친구는 부동산 경매에 대해 여전히 부정적이었고 하지 말라고 했다. 반면, 사업하는 친구는 자신도 잘 모르지만 도전해보라고 조언해주었다. 비용의 관점에서 보지 말고 투자의 관점에서 바라보라고 하면서 경험한 후 결정해도 늦지 않다고 했다. 친구의 말에 용기를 얻어 더리치를 찾았고, 더리치를 통해 필자의 부동산 경매와 투자 여행이 본격적으로 시작되었다.

부동산 멘토를 만나다

필자가 몸담았던 회사는 멘토링 제도를 운영하고 있었다. 필자 역시 멘토와 멘티로서 활동한 적이 있었다. 회사나 업무에 대한 풍부한 경험과 전문 지식을 갖고 있는 멘토가 일대일로 멘티를 지원하고 조언하면서 멘티의 역량과 능력을 개발하고 성장시키는 활동이라고 할 수 있다. 멘토링 제도는 멘토와 멘티 간에 아름다운 인간관계를 보여준다.

> **멘토링(mentoring)**이란, 원래 풍부한 경험과 지혜를 겸비한 신뢰할 수 있는 사람이 일대일로 지도와 조언을 하는 것이다. 그리스 신화에서 유래한 말로 조력자의 역할을 하는 사람을 멘토(mentor)라고 하며 조력을 받는 사람을 멘티(mentee)라고 한다.
>
> 출처: Wikipedia

'부동산 투자의 멘토가 필요할까? 또는 당신은 부동산 투자 멘토가 있나요?'라고 묻는다면, 필자는 '네, 멘토가 반드시 필요하며, 멘토가 있다'라고 답할 것이다.

처음부터 잘하는 사람은 없다. 필자 역시 처음엔 아주 어설프고 서

틀렸다. 아시다시피, 부동산 투자는 그리 만만한 것이 아니다. 부동산 경매는 더더욱 그렇다. 오뚝이처럼 매번 다시 일어날 수만 있다면 좋겠지만, 한 번의 실수, 또는 실패로 다시는 일어나지 못할 수도 있기 때문이다. 그리고 미리 경험한 선배로부터 조언을 들을 수 있다면 조금은 더 나은 선택을 할 수 있지 않을까 한다. 필자의 첫 부동산 경매도 멘토와 상의한 후 입찰에 참가했다. 이후 부동산 경매와 투자 관련해서 멘토와 상의해오고 있다.

서점에서 눈에 들어왔던 《경매 학교종이 땡땡땡 어서 모여라》, 《경매야 우리 친구하자》 《부동산 경매 필살기》 등 부동산 경매 관련 책을 구입해서 읽고 카페에도 가입했다. 그리고 더리치에 새싹반 관련 문의 전화를 했는데 중년의 남자분의 목소리가 들려왔다. 이것이 좌포님과의 첫 통화였고, 인연의 시작이었다. 좌포님은 더리치에서 필자의 부동산 멘토가 되어주었다. 투자는 타이밍이라고 한다. '좌포의 부동산 경매 더리치'와 필자와의 만남은 절묘한 타이밍이 아니었을까 한다.

부동산 투자와 사람

2015년 9월 새싹반 18기에 11번째로 신청했다. 좋은 사람들과 함께 부동산 투자와 경매 공부를 시작하게 됐다. 부동산 경매를 함께 이야기할 동기가 없었더라면, 조금 공부하다가 포기했을지도 모른다. 새싹반부터 시작하기를 참 잘했다고 생각한다.

'빨리 가려면 혼자 가고 멀리 가려면 함께 가라'는 아프리카 속담이 있다. 더리치 부동산 수업 중 참 많이 들었던 이야기다. 아프리카에는 사막도 많고 정글도 많아 멀리 가려면 열악한 환경과 무서운 짐승을 피해야 하는데, 길동무 없이는 불가능하다는 말이다. 부동산 시장도 이와 다르지 않다. 부동산 투자에서는 좋은 사람을 만나서 함께 멀리 가는게 정말 중요하다. 부동산 투자를 함께 공부하면, 서로의 지식, 경험과 인맥을 활용할 수 있을 뿐만 아니라 시간과 비용도 줄일 수 있어서 좋다. 지금까지 새싹반 18기분들과 관계를 계속 이어가고 있다. 좋은 사람들과의 만남은 항상 즐겁고 기다려진다.

지금까지 성공적인 부동산 투자를 할 수 있었던 가장 큰 이유는 함께할 수 있었던 멘토, 동기와 회원 그리고 아내 덕분이다. 특히 아내가 많이 지지해주었기 때문에 부동산 공부를 지속해올 수 있었고 공부를 넘어 실제 투자를 실행에 옮길 수가 있었다.

MENTORING

Part
2
부동산 투자도
회사 일처럼 하면 성공한다

배우고 생각하지 않으면 곧 어둡고,
생각하고 배우지 않으면 곧 혼돈스럽다

- 공자 -

1

부동산을 배우다

2016년 초, 더리치에서 전국 지역 조사 프로젝트가 진행되었다. 필자 또한 프로젝트에 참여했는데, 짧은 지식과 경험 때문에 매우 힘들었던 기억이 있다. 하지만 프로젝트 참여를 통해 지역에 대한 많은 부동산 정보를 얻을 수 있었고, 부동산 시장에 대한 지식을 많이 쌓을 수 있었다.

또한, 부동산 투자 시 참고자료들을 어디서 얻을 수 있고 어떻게 활용하는지를 배울 수 있었다. 이 모든 것은 멘토의 조언과 지원이 있었기 때문에 가능했던 일이다.

다음 그림은 2017년 진행했던 경전철 서부선 지역 조사 사례다. 당시 역을 중심으로 반경 500m, 1,000m 이내의 300세대 이상 아파트를 선정해 가격을 조사했고, 투자 장단점을 분석했다.

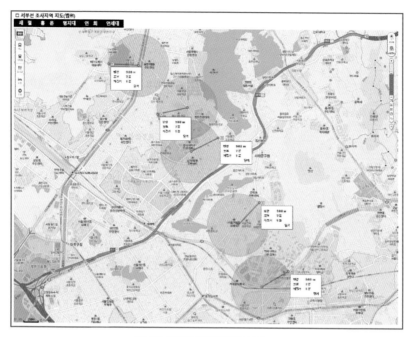

더리치 경전철 서부선 지역 조사

유용한 부동산 사이트 활용하기

지역 조사는 투자할 곳을 찾는 방법 중 하나다. 지역 조사를 위해 부동산 관련 통계 자료와 정보는 어디에서 얻을 수 있을까? 부동산 조사는 무엇을 조사해야 할까? 그리고 이러한 자료와 정보를 어떻게 활용할 수 있을까?

다음은 지역 조사 프로젝트 진행 시 조사했던 항목들과 자료원에 대해 정리한 것으로, 질문에 답이 될 것이다.

• 매매 지수&가격·전세지수&가격·전세가율·부동산 시계열 자료

매매 및 전세 지수 추이를 통해 지역별, 크기별 가격 증감을 확인할 수 있다. 과거 부동산 시장 흐름을 파악할 수 있으며, 4분면 그래프도 작성할 수 있다.

소스: KB부동산, 감정원, 국토교통부실거래가, 아파트실거래가, 호갱노 노, 부동산지인

• 인구·가구 통계, 전출입 정보

수요와 공급법칙에 따라 부동산 시장 또한 인구 및 가구 통계를 분석하는 것이 중요하다. 인구 · 가구 통계는 수요에 대한 것이다.

소스: 통계청, 행안부, 호갱노노, 아파트실거래가, 부동산지인

• 입주 물량·인허가·준공·미분양·거래량

분양과 입주 물량을 통해 공급을 분석해야 한다. 미분양, 인허가, 준공 및 거래량을 함께 분석해야 한다.

소스: 아파트투유, 부동산114, 닥터아파트, KB부동산, 국토교통부 통계누 리, 한국감정원, 부동산지인, 아파트실거래가

• 개발호재·도시기본계획·정책

향후 개발에 따른 부동산 가격 상승을 예상할 수 있다.

소스: 도시기본계획, 포털, 국토교통부, 지자체, 한국철도시설공단, 산업 공단

• 경제·산업·물가·금융·통화·일 자리

부동산 시장에 영향을 주는 각종 정보 및 통계자료를 참고한다.

소스: 통계청, 한국은행 경제통계시스템, 지자체, 산업공단, 포털

• 물건 검색

조사할 부동산 물건을 검색하는 것이다.

소스: 포털, KB부동산, 부동산 114 등

이외 부동산 관련 통계 정보와 자료는 국토교통부 부동산통계 협의회에서 발행한 '부동산 통계 안내서'를 참고하면 된다.

국토교통부 부동산통계 협의회

지역 조사를 통해 부동산을 배우다

필자는 더리치에서 진행했던 여러 지역 조사 프로젝트에 참여했다. 앞서 설명한 사이트를 활용해 지역 조사를 수행했고, 조사한 내용을 회원들과 함께 공유했다.

더리치 지역 조사 프로젝트

다음은 부동산 물건별 KB 시세 자료와 네이버 매물 자료를 묶어서 시세 및 매매·전세가를 조사한 후, 실제 현장을 방문해 조사한 사례다. 손품에서 발품까지 완료했던 사례로, 지역 선정과 물건 조사까지 회원들과 함께 진행했다.

더리치 지역 조사 프로젝트 ①

다음은 중앙일보 조인스랜드 자료를 활용해 여러 데이터를 조합한 후, 갭 투자 물건을 찾는 사례다. 그리고 지역 호재와 함께 지역 조사 임장을 진행했다.

더리치 지역 조사 프로젝트 ②

부동산 투자의 보물 지도, 도시기본계획

'도시계획'이란 도시의 바람직한 미래상을 정립하고 이를 시행하려는 일련의 과정을 말한다. 우리나라의 모든 도시계획은 「국토의 계획 및 이용에 관한 법률」(이하 국토계획법)에 근거해, '공공복리의 증진과 국민의 삶의 질 향상'을 위해 시행하고 있다.

다음에 보여주고 있는 국토·도시계획체계 중 도시계획에 해당하는 것은 광역도시계획-도시기본계획-도시관리계획 3가지다. 도시기본계획은 대상 지역에 대해 공간구조의 변화에서 사회경제적인 측면까지 미래상을 제시한다. 반면 도시관리계획은 이러한 미래 발전 방향을 도시 공간에 구체화하고 실현시키는 계획이며, 법적인 구속력을 가진다는 점에서 도시기본계획과는 다르다.

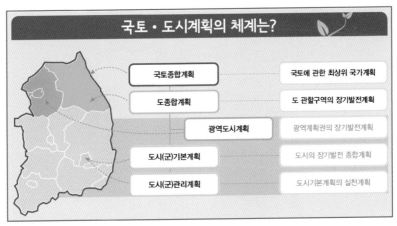

국토교통부 국토·도시계획의 체계

공간구조와 장기발전 방향을 제시하는 도시기본계획

도시기본계획은 특별시·광역시·시 또는 군의 관할 구역에 대해 기본적인 공간구조와 장기발전 방향을 제시하는 종합계획으로서 도시관리계획 수립의 지침이 되는 계획을 말한다. 도시의 물적·공간적 측면뿐 아니라 환경·사회·경제적인 측면을 모두 포괄해 주민 생활환경의 변화를 예측하고 대비하는 종합계획이며, 20년(5년마다 보완 수정)을 내다보는 미래상과 기본골격을 제시하는 장기계획이다.

예를 들어, 아래 그림은 2030 서울시 도시기본계획이다. 관련 자료는 서울시 홈페이지에서 다운받을 수 있다.

서울시 2030 서울도시기본계획

도시기본계획을 구체화하고 실현하는 도시관리계획

도시관리계획은 주민들의 사적 토지이용 즉, 건축 행위 시 건폐율, 용적률, 층수 등에 대한 구속력을 가지는 법정계획으로서 광역도시계획 및 도시기본계획에서 제시된 내용을 구체화하고 실현하는 계획이다.

함께 떠나는 서울 지역 조사

2019년 더리치 지역 조사 프로젝트를 진행했다. 필자는 2016년도에 이어 서울 북부 지역을 담당해서 지역 조사를 진행했다. 이번 조사는 도시계획 자료를 기초로 해서 지역 조사를 준비했다. 아래 그림은 시대별 도시개발 추이를 보여주고 있는데, 1966년부터 강남과 여의도 부도심 개발이 지속되어왔음을 알 수 있다. 그리고 서울 중심지체계의 변천을 통해 부도심과 지역 중심이 어디인지 알 수가 있다.

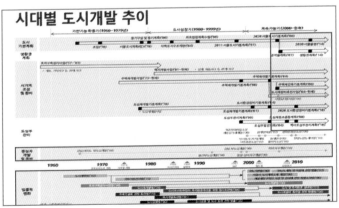

서울시 시대별 도시개발 추이

구분	1966년	1972년	1978년	1984년	1990년	1997년	2006년	2014년
도심	1도심 (4대문안)	1도심	1국심	1주핵 (도심)	1도심	1도심	1도심	3도심 (한양도성, 영등포·여의도, 강남)
부도심	5부도심 (창동·천호, 강남, 영등포, 은평)	7부도심 (미아, 양우, 천호, 영등, 영등포, 화곡, 은평)		3부핵 (영동, 영등포, 잠실)	5부도심 (신촌, 청량리, 영등포, 영동, 잠실)	4부도심 (용산, 청량리·청량리, 청량리, 영동, 영등포)	5부도심 (용산, 왕십리·청량리, 영동, 영등포, 상암·수색)	7광역중심 (용산, 청량, 왕십리·청량리, 창동·상계, 상암·수색, 마곡, 가산·대림)
지역중심			7지역중심 (영등포, 영동, 수유, 잠실, 창안평, 수색, 화곡)	13부심 (강북7, 강남6)		11지역중심	11지역중심	12지역중심 (동대문, 망우, 미아, 성수, 신촌, 마포·공덕, 연신내, 목동, 봉천, 사당, 이수, 수서·문정, 천호·길동)
지구중심		27지구중심 152근린중심	50지구중심	59지구중심		54지구중심	53지구중심 전략육성중심지 (연신내·상계, 망우) 전략육성지 (상암/수색, 마곡, 문정)	기존 지구중심 유지 원칙

*자료: 서울정책아카이브, 서울도시기본계획상 중심지체계변천

서울시 중심지체계의 변천

　　도시기본계획 2030 서울플랜에서부터 2025 도시재생전략계획, 2030 경제비전, 2030 도시철도기본계획, 2030 문화시민도시 서울계획, 2030 서울준공업 지역 개발계획, 2030 한강변 관리기본계획, 2030 서울생활권계획까지 모든 자료를 참고했다. 이러한 계획은 교통, 교육, 문화, 산업·일자리, 상권, 자연, 준공업 지역 및 도시재생 등 모든 분야를 포함하고 있으며, 향후 개발이 어느 지역에서 진행될 것임을 예상할 수 있다. 특히, 교통, 산업·일자리, 준공업 지역 개발과 도시재생은 향후 부동산 투자 시 참고해야 할 정보다.

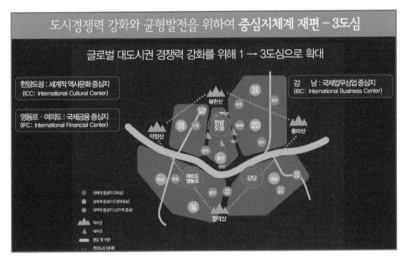

서울시 2030 서울플랜 및 이외 계획

2

지역 조사를 통해서 본 입지 분석

모델하우스를 방문하거나 신문 또는 인터넷을 통해 아파트 분양 공고를 본 경험이 있을 것이다. 다음은 제주시와 평택시 모 아파트의 분양 정보이다. 핵심가치로서 교통환경, 교육환경, 산업환경, 생활환경, 자연환경 등을 강조하고 있다. 또 다른 말로 역세권, 학세권, 몰세권, 숲세권, 산세권, 공세권, 강세권, 호세권, 법세권, 의세권, 병세권, 편세권, 맥세권, 스세권 등으로 표현되기도 한다.

어느 부동산 잡지에 읽었던 내용이다. '부동산 투자에서 가장 중요하게 고려해야 할 3가지 요소들은 무엇일까?'라고 담당 교수가 학생들에게 질문했다고 한다. 학생들로부터 다양한 답변이 나왔다. 하지만 교수의 답변은 첫째도 입지, 둘째도 입지, 셋째도 입지라고 했다고 한다. 이것이 그 유명한 Location, Location, Location Theory다.

제주시 삼양 센트레하이빌 분양 광고

평택 더샵 분양 광고

입지(立地)란 무엇일까? 당해 점포가 위치하고 있는 장소를 의미한다. '점포(가게)는 목이 좋아야 한다'라는 이야기에서 목이 바로 입지를 의미한다. 입지 분석은 이러한 주변 환경을 분석하는 것이다. 좋은 입지는 앞서 언급한 교통, 교육, 생활(편의)시설, 자연환경, 업무시설이 잘 갖춰져 있는 곳이다.

더리치에서 진행한 지역 조사의 주요 내용 중 하나가 바로 입지 분석에 대한 것이며, 이러한 핵심가치를 참고해 투자 지역과 물건을 선정하는 일련의 과정이다. 입지 분석 활동은 최근 고강도 규제 등으로 부동산 시장 불확실성이 커지고 있는 가운데, 불확실성이 제거된 확실한 투자처, 수요가 몰리는 곳을 찾는 것이다.

프리미엄이 붙을 만한 우량 입지의 물건을 고르는 것이 무엇보다 중요하다. 이러한 물건은 거래량이 많고 환금성이 높은데, 부동산 시장 하락기에도 집값 낙폭이 작고 상승기에는 집값이 더 많이 오른다. 더리치에서 진행했던 서울 지역 조사를 통해 입지 분석을 살펴보자.

교통환경 : 교통망이 확충된 미래가치가 높은 곳

결혼한 후 처음 거주할 집을 알아봤을 때, 가장 먼저 고려했던 게 바로 지하철역과의 거리였다. 경제 활동을 하는 젊은 층이라면 일자리와 가깝거나 교통이 편리한 지역을 우선적으로 선택할 것이다. 따라서 입지 분석 시 가장 먼저 조사하는 항목 중 하나는 지하철 등의 교통환경이다. 지하철이나 철도역에서 인접한 지역을 역세권이라고 하는데, 보통 역에서 500m 이내 또는 도보 10분 이내를 역세권이라고 한다.

다음 그림은 서울과 수도권의 지하철, 광역전철 및 경전철 노선도이다. 강남, 여의도, 가산 등 일자리가 많은 지역과 연결되었거나 연결될 노선의 지역을 잘 살펴보아야 한다. 직주근접이라는 이야기를 들어본 적이 있을 것이다. 즉, 부동산의 가치는 접근성이 좋아야 한다는 것을 의미한다.

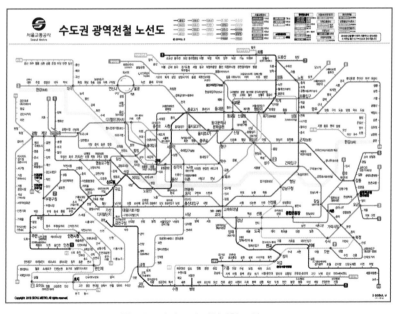

서울교통공사 수도권 광역전철 노선도

아래 그림은 서울시 10개년 도시철도망 구축계획안이다. 부동산 투자 시 교통 개발 정보는 매우 중요하다. 따라서 이러한 계획이 향후 어떻게 진행되는지 유심히 살펴볼 필요가 있다. 2017년 서울 경전철 조사를 진행했는데, 조사 도중에 부동산을 매매해 시세차익을 실현한 사례도 있었다.

서울시 도시철도망구축계획

교육환경 : 맹모삼천지교의 교육환경이 좋은 곳

부동산 시장에서 교육환경은 교통환경 못지않게 매우 중요하다. 경제적 여건만 허락된다면, 누구나 우수한 교육환경을 제공하는 지역에

거주하기를 희망한다. 우수한 학군과 풍부한 사교육 인프라를 갖춘 지역은 외부 요인으로 인한 영향이 제한적이다. 그 이유는 불황에도 수요가 꾸준하고 전셋값도 높기 때문이다. 서울의 대표적인 교육특구는 대한민국 사교육 1번지인 강남구 대치동을 비롯해 양천구 목동, 노원구 중계동에 위치해 있다.

교육환경은 부동산 투자에서 매우 중요한 입지 분석 항목이다. 이를 다른 말로 '학세권'과 '학군'이라고도 한다. '학군'을 부동산 투자 포인트로 꼽는데, 시중에는 학군 관련한 부동산 투자 책도 있다. 역사적으로 교육환경이 부동산 시장에 어떻게 영향을 주었을까? 그 사례로 '강남 8학군'을 보면, 오늘날 강남이 학군에 의해 탄생했다고 해도 과언이 아니다.

앞에서 설명한 분양 전단지에는 학세권을 강조하고 있다. 왜 그럴까? 학세권이 주목받는 이유는 자녀의 안전한 통학이 가능하고 수요가 풍부해 환금성이 뛰어난 점에 있다. 특히 우수한 초중고가 함께 모여 있는 지역이라면 두말할 나위 없이 최고의 교육환경 입지라고 할 수 있다.

다음 그림은 2015학년도 서울시 25개 구별 특목고 진학 실적이다. 교육환경에 대한 입지 분석으로 특목고 및 자사고를 어디에서 많이 보냈는지를 파악할 수 있다. 투자 지역을 선정할 때 이러한 분석 자료를 참고하기도 한다.

"'학품아'는 배신하지 않는다"는 경제주간지(MoneyS)의 기사 제목이다. 찻길 건너지 않고 통학할 수 있는 '학교 품은 아파트(학품아)', '초등학교 품은 아파트(초품아)'를 말하는 것으로 초중고 인접 단지는 언제나 인기가 있고 부동산 가격 상승을 견인한다. 왜냐하면, 맹모의 아파트 선택 기준이 '교육환경'이기 때문이다.

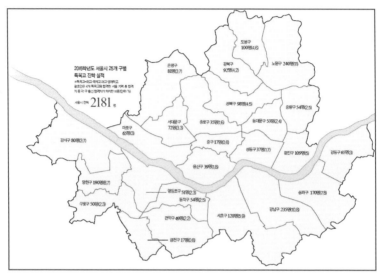

중앙일보, 2015년 특목고 진학 실적

생활환경 : 생활 인프라가 잘 갖춰진 경쟁력 있는 곳

주거 입지에 편의시설과 같은 생활환경은 매우 중요하다. 아래는 H 건설회사의 분양 공고로 입지환경으로 교통, 교육, 생활과 자연환경의 탁월함을 강조하고 있다. 우수한 생활환경에 대해 백화점, 영화관, 마트 등 생활 인프라 이용이 쉽다는 점을 홍보하고 있다. 생활환경은 편의시설, 상권환경, 주거환경(만족), 기반시설 등으로 설명되기도 한다.

H 건설회사 판교 대장지구 현대힐스테이트 분양광고

생활환경에는 어떠한 것들이 있을까? 내가 살고 있는 집 주변을 생각해보면 알 수 있다. 백화점, 마트, 영화관, 병원, 은행, 법원, 문화시설, 레저시설, 행정시설 등으로 모두 생활에 필요한 것들이다. 앞에서 설명한 부동산 신조어(용어) 중에서 몰세권, 법세권, 의세권, 병세권, 편세권, 맥세권, 스세권 등이 생활환경에 포함된다. 집에서 멀리 이동할 필요가 없이 이러한 편의시설을 모두 이용 가능하다면 정말 편리할 것이다. 생활의 편의성이 왜 중요한지 재차 설명할 필요가 없을 듯하다.

다음 그림은 '비전 2030, 문화시민도시 서울'에서 발췌한 내용이다. 서울시가 강북 지역 균형 발전 차원에서 조성하고 있는 '창동 창업·문화산업단지' 건립이 최근 환경영향평가를 시작으로 인허가 절차에 본격 착수했다고 한다. 그동안 경제·문화시설 부족으로 '베드타운' 정도로 인식된 도봉구 창동과 노원구 상계동 일대가 주거와 업무·문화를 동시에 아우르는 서울의 새로운 중심지로 거듭날 것으로 기대된다. 생활의 편의성이 획기적으로 개선될 것으로 예상하는데, 이러한 우수한 생활 기반은 해당 지역의 부동산 가격에 영향을 줄 것에 틀림없다.

서울시 '비전 2030, 문화시민도시 서울'

자연환경 : 쾌적한 주거환경이 좋은 곳

예로부터 길한 입지로 배산임수형 입지를 손꼽는다. 배산임수형 입지란, 집 뒤쪽으로 바람을 막아주는 산과 함께 앞에 바다나 강, 천 등 물을 마주한 곳을 말한다. 다른 말로 표현하자면, 강세권, 호세권, 물세권, 수세권, 공세권, 숲세권 등 강, 호수, 수변 조망과 공원, 산 조망이 가능한 곳을 일컫는다. 같은 단지의 아파트라고 하더라도, 강 조망에 따라 부동산 가격이 차이가 발생한다. 또한, 쾌적한 삶을 제공하는 웰빙 주거로서 이러한 자연환경을 강조한다.

매일경제, 서초 엠코타운 분양 광고

웰빙 · 건강을 중시하는 트렌드 확산에 아름다운 자연을 가까이하는 입지는 프리미엄을 부르는 중요한 요소 중 하나라고 할 수 있다. 이러한 지역으로 한강변, 송파구 올림픽공원, 성동구 서울숲, 마포구 노을공원과 하늘공원 등이 있다. 그리고 미군이 떠나는 용산구는 용산 센트럴 파크가 만들어지면 최고의 자연환경 프리미엄을 얻을 수 있다. 교통, 교육, 생활환경이 잘 갖춰진 입지에 우수한 자연환경이 더해진다면, 프리미엄을 부르는 입지조건이 될 것이다.

누구나 살고 싶은 곳이 입지 가치가 높은 곳이다. 첫째도 입지, 둘째도 입지, 셋째도 입지라고 앞에서 이야기했던 것처럼 부동산은 역시 '입지'라는 것이다. 입지 프리미엄이 높은 확실한 곳만 투자해야 한다는 결론이다. 이러한 이유로 부동산 입지 분석은 투자의 시작이자, 끝이라고 해도 과언이 아닐 것이다. 하지만 좋은 입지를 찾는 방법은 손품에서 발품까지 팔지 않으면 안 된다.

구분	내용	비고
교통환경	교통, 지하철	역세권, 더블 역세권, 트리플 역세권
교육환경	명문 학군, 도보권	학군, 학세권, 학품아, 초품아
생활환경	생활편의시설, 생활 인프라	몰세권, 공세권, 법세권, 의세권, 병세권, 편세권, 맥세권, 스세권, 먹세권, 문세권
자연환경	조망, 웰빙, 힐링, 건강	숲세권, 산세권, 공세권, 물세권, 수세권, 강세권, 호세권

입지 환경 비교표

부동산 신조어 무슨 뜻일까?
역세권은 기본 ! 지금은 다(多)세권 시대

역세권 : 역을 중심으로 통산 500m 내외의 지역
학세권 : 학교, 학원 + 역세권 합성어. 학교 통학 거리가 짧거나, 학원가 밀집 지역
학품아 : 학교를 품은 아파트

초품아 : 초등학교를 품은 아파트

몰세권 : 대형 쇼핑몰 + 역세권 합성어. 쇼핑과 문화 시설이 밀집한 지역

숲세권 : 숲 + 역세권 합성어. 숲 또는 산이 있는 자연 친화적 환경 지역

산세권 : 산 + 역세권 합성어. 숲 또는 산이 있는 자연 친화적 환경 지역

공세권(1) : 공원 + 역세권 합성어. 단지 가까이에 공원이 있는 지역

공세권(2) : 공항 + 역세권 합성어. 공항을 자유로이 이용할 수 있는 지역

강세권, 호세권, 물세권, 수세권 : 강, 호수, 물, 수 + 역세권의 합성어. 강
　　　　　　　　　　　　　　과 호수가 조망 가능한 지역

법세권 : 법원 + 역세권 합성어. 법원이나 검찰청이 들어서는 지역

의세권, 병세권 : 의료기관, 병원 + 역세권 합성어. 대학병원이나 종합병
　　　　　　　원 인근 지역

편세권 : 편의점 + 역세권 합성어. 편의점을 이용할 수 있는 인근 지역

맥세권 : 맥도날드 + 역세권의 합성어. 맥도날드 배달 서비스를 이용할
　　　　수 있는 지역

벅세권 : 버거 + 역세권 합성어

스세권 : 스타벅스 + 역세권의 합성어

먹세권, 맛세권 : 먹을거리가 풍부한 지역

락세권 : 락(樂)+ 역세권 합성어. 집 근처에 문화 및 여가 생활을 즐길
　　　　수 있는 시설이 갖춰져 있는 지역

시세권 : 시장 + 역세권 합성어

문세권 : 문화센터 + 역세권 합성어

옆세권 : 옆 + 역세권 합성어. 서울 옆세권

다세권 : 다(多) + 역세권 합성어. 역세권은 기본, 지금은 다세권 시대

오세권 : ㅇ + 역세권 합성어. 세력권을 의미하는 '세권'과 주변에 위
　　　　치한 핵심생활권의 앞글자를 따서 만들 단어

3

준비된 자는 기회를 놓치지 않는다

부동산 투자는 호재만 참고해 투자하는 것으로 아주 단순하게 생각했었다. 큰 금액을 투자함에도 불구하고 너무 안일하게 생각했다. 필자의 이런 단순한 생각은 완전히 틀렸다. 부동산 투자 공부를 하면서 매매지수, 전세지수, 전세율, 인구수·가구수, 분양 정보 등 다양한 부동산 통계 정보를 알게 되었다. 이러한 통계를 활용해 부동산 시장 상황, 매매 타이밍 등을 파악하면서 지역을 선정하고 매매, 분양, 또는 경매 등으로 투자해야 한다.

어찌 보면 당연한 것인데, 부동산 투자 관련해서 필자의 생각은 너무나도 짧았다. 부동산 투자를 회사 업무처럼 생각했다면 접근하는 방식이 완전히 달랐을 것이다. 회사에 배웠던 업무 프로세스도 전혀 접목하지 못했다. 하지만 다행히 더리치 지역 조사를 수행하면서 이러한 업무 수행 본능이 생겨 부동산 시장의 보는 눈을 키워나갈 수 있었다.

필자는 직장에서 주로 마케팅부서에서 일해왔는데, 사업계획서와 마케팅플랜, 영업 관리 등을 담당했었다. 아래는 필자가 많이 작성했던 마케팅플랜의 목차 샘플이다. 부동산 투자 및 입지 분석과는 조사 항목이 다르지만, 프로세스는 비슷한 부분이 많다. 3C 분석, STP 전략, 마케팅믹스는 부동산 투자 분석에도 활용할 수 있다.

구분	내용
시장 현황	외부환경 : 경제 환경, 정책 변화, 지역 동향 등 내부환경 : 강점과 약점, 조직 현황 분석 등
경쟁사 동향	주요 경쟁사 전략, 마케팅 활동 현황 경쟁력 분석
고객 니즈	주요 고객은 누구인가 고객의 요구사항 등
목표 수립 및 차별화 전략	분석한 자료를 바탕으로 목표 설정 선택과 집중 등 차별화 전략 수립
마케팅 실행 계획	마케팅 활동 계획 수립
마케팅 운영 예산	마케팅 활동에 따른 예상 비용 반영

마케팅 계획의 항목

예를 들어, '쉐어하우스에 관심이 있는데, 쉐어하우스를 서울 어디에서 운영하면 좋을까?'라고 생각해보자. 최근 쉐어하우스에 관심이 높아져 창업을 생각하고 있다면, 어느 지역에서 운영할지를 결정하는 것이 매우 중요하다. 쉐어하우스에 대한 수요가 높은 곳이 어디일까? 당

연히 1인 가구가 많은 곳일 것이다. 아래는 더리치 지역 조사에서 준비
했던 서울시 '서울서베이 2018' 자료다. 서울의 1인 가구 비율을 31%
로 세 가구 중 한 가구는 1인 가구다. 자치구별로 살펴보면, 관악구가
46%, 중구 38.6%, 종로구 37.9%, 동대문구 37.2% 순이다. 왜일까? 젊
은 직장인 또는 학생들이 많은 곳이고 교통이 편리한 역세권이기 때문
이다. 막연한 감으로 투자를 결정하는 것이 아니라, 이러한 데이터와 정
보를 활용해 투자를 결정하는 것이 성공 확률을 높여준다.

서울시, 구별 1인가구 비율

3C 분석 : 고객(Customer), 경쟁사(Competitor), 자사(Company)에 대한 사
　　　　　 업환경 분석
SWOT 분석 : 내부-강점(Strengths), 약점(Weaknesses), 외부-기회
　　　　　　 (Opportunities), 위협(Threats)의 머리글자를 모아 만든 단어
　　　　　　 로, 경영전략을 수립하기 위한 분석 도구
STP 전략 : 시장 세분화(Segmentation), 표적 시장 선정(Targeting), 위상
　　　　　 정립 (Positioning)의 첫 자를 딴 마케팅 전략
마케팅 믹스 : 제품(Product), 가격(Price), 장소(Place), 촉진(Promotion)의
　　　　　　 4P를 말함

부동산 시장을 분석하고 전망하다

부동산 시장을 분석하고 전망하는 부동산 보고서

부동산 시장의 현황과 전망에 대해 뉴스나 신문을 통해 본 적이 있
다. 이러한 자료는 보통 부동산 관련 자료를 만드는 기관이나 업체의 보
고서를 참고해 작성한 기사들이다. 이러한 기사를 참조해도 좋지만, 원
보고서나 자료를 읽고 자신만의 분석과 해석을 할 수도 있다. 개인이 부
동산 시장의 분석 자료를 만든다는 것이 쉽지 않다. 따라서 기관이나 업
체에서 만든 자료를 잘 활용해야 한다. 개인에게 이러한 활용 능력이 더
요구된다고도 할 수 있다.

예를 들어, KB은행에서 매주, 매월, 년 단위로 부동산 관련 보고서를 작성해 은행 사이트에서 공유해주고 있다. 이러한 보고서 자료를 잘 활용해야 한다. KB은행 외에도 한국감정원, LH토지주택연구원, 건설산업연구원, 증권사, 부동산업체 등에서도 보고서 및 자료를 공유하고 있으니 이를 잘 활용하자.

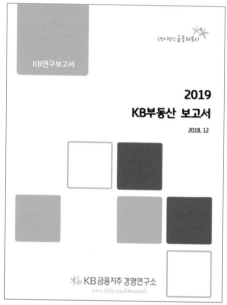

KB금융지주경영연구소

필자는 더리치에서 부동산 투자 공부를 시작하면서 부동산 관련 정보를 얻을 수 있었고 부동산 지식을 쌓았다. 매매 전세 4분면, 매매 전세 지수 추이, 전세율 추이 등을 직접 작성해서 시장 흐름을 비교 분석했다. 뉴스, 보고서 및 강의를 통해 배웠던 것들을 실제 시도했다. 그리고 지금은 경험했던 노하우와 얻었던 정보들을 더리치를 통해 회원들에게 나누어오고 있다.

부동산 경기순환시계로 보는 투자 타이밍

아래 그림은 '주택매매가격지수 순환변동을 알 수 있다면, 투자 타이밍을 알 수 있지 않을까'라는 생각에서 출발해 '부동산 경기순환시계'를 직접 작성한 사례다. 경기순환시계는 주요경제지표들의 경기순환 국면상 위치(상승·둔화·하강·회복)를 시계처럼 시각적으로 보여주는 것으로 통계청 국가통계 포털에서 확인할 수 있다.

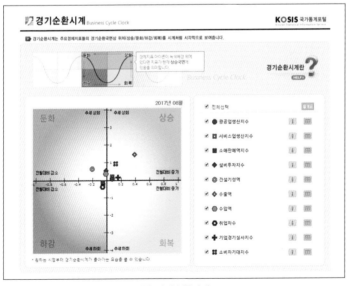

통계청 경기순환시계

부동산 시장에도 이러한 경기순환시계를 도입하면 좋겠다는 기사를 보고 KB부동산 통계자료를 활용해 아래 그래프와 같이 작성했었다. 2016년 광역 지역의 경기순환시계를 작성한 것인데, 서울과 부산 지역 시장이 상승기인 반면 울산, 경남 지방은 하강기에 있음을 알 수 있다. 당시 필자는 서울과 수도권 투자에 집중했었다.

이외에도 지수 추이를 비롯해 지수증감 및 매매 전세 차이 추이, 전세율 추이, 매매 전세 4분면 및 4분면 추이 등 다양한 지표를 활용하고자 했다.

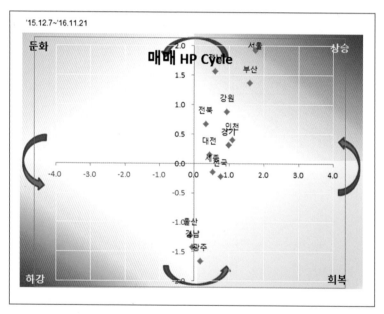

더리치 부동산 경기순환시계

부동산 시장의 주요 지표들

주식 시장에서 투자 시 수많은 지표들을 참고한다. 마찬가지로 부동산 시장에도 많은 지표들이 있다. 투자자는 KB부동산과 한국감정원에서 제공하는 주요 지표를 많이 활용하는데, 다음은 투자 시 참고하는 주요 지표들이다.

주택 가격 지수

KB부동산 또는 한국감정원에서 전국의 주택 매매 및 전세 가격을 조사해 일정시점(2017. 11)을 기준시점으로 해서 지역별 및 주택유형별로 산출하는 지표다.

실거래 가격 지수

아파트 매매계약을 체결해 지방자치단체에 신고한 실제 거래 가격 자료를 가격 수준 및 변동률로 파악해 공개하는 지수다.

거래량

수요자의 움직임을 직관적으로 파악할 수 있는 지표다. 일반적으로 가격이 오를 때 거래량도 늘어난다. 그리고 주택 가격과 거래량의 변화 추이를 통해 현재 주택 경기 주기상 단계를 파악하는데, 벌집 순환 모형 분석기법이라고 한다.

전세가율

매매가 대비 전세가 비율을 의미하는 것으로 임대차 시장의 가격 흐름과 갭 투자 투자의 향방을 파악할 수 있는 지표다.

매도·매수 우위 지수

매수자와 매도자 간의 우열을 따지는 매수 우위 지수는 100을 넘기면 시장에 매수자가 상대적으로 많다는 것이고, 100 이하면 매도자가 많다는 의미다.

주택 보급률

주택 수를 일반가구 수로 나눈 비율(%)을 의미하는 것으로, 국가 또는 지역에 거주하는 가구 수에 비해 주택 재고 수준을 보여주는 양적 지표다. 우리나라는 2008년 이미 100% 넘었다.

자가 점유율

자가 점유 가구 수를 총가구 수로 나눈 비율(%)을 의미하는 것으로 자기 집에서 직접 거주하는 가구의 비율을 보여주는 지표다.

자가 보유율

자가 보유 가구 수를 총가구 수로 나눈 비율(%)을 의미하는 것으로 자기 집을 소유하고 있는 가구의 비율 지표다.

부동산 실전 투자 공부 노하우

오늘도 우리는 '경제적 자유'를 꿈꾼다. 경제적 자유는 단순히 돈으로부터 자유가 아니다. 돈 걱정 없는 풍요로운 삶, 시간이 자유로운 삶, 원하는 것을 도전해볼 수 있는 삶, 더불어 즐겁고 행복한 삶을 가능하게 해줄 것이라고 믿는다. 경제적 자유를 이루기 위해서 지금 바로 부동산 투자와 재테크 공부를 시작해야 한다.

부동산 투자는 생활용품과 같은 작은 금액의 물건을 구매하는 것이 아니다. 따라서 위험을 제거하고 실패를 피하기 위해서 사전에 철저한 공부와 함께 멘토와 동료를 옆에 두는 것이 필요하다. 부동산 투자 공부는 비용이 아니라, 투자의 관점에서 바라보고 꾸준함과 성실함이 요구된다. 다음은 필자가 지금까지의 직장 생활과 부동산 투자에서 경험하고 배웠던 부동산 투자 공부 노하우다.

부동산 공부 로드맵에서 인생 로드맵까지

회사에서는 현황 분석과 함께 목표 달성을 위해서 매년 사업계획을 작성한다. 개인도 이러한 계획이 필요하며, 부동산 투자 로드맵을 작성한다면 경제적 자유의 꿈이 반드시 이루어질 것이라고 확신한다. 그 이유는 회사에서도 어렵다는 목표를 달성했던 경험이 있기 때문이다. 부동산 공부뿐만 아니라 인생에도 로드맵을 작성해야 한다. 처음부터 잘 작성된 계획은 필요 없다. 시작하는 것이 중요하며, 실현 가능한 것부터 작은 것에서 큰 것으로 실천하고 도전해보자.

로드맵을 그려라, 모든 것이 달라진다.

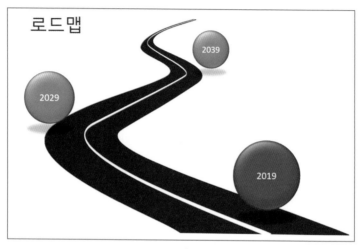

로드맵

경제적 자유를 향한 공부법

'신문을 보면 시대에 뒤처지지 않는 정도이지만, 앞서가기 위해서는 책도 함께 읽으라'라고 직장 선배로부터 조언을 들었다. 경제적 자유를 향한 공부법도 특별함이 있는 것이 아니다. 하루 1시간, 매일 꾸준히 하다 보면, 어느 날 전문가 또는 고수는 아니더라도 중수 이상은 되어 있을 것이다. 아래는 필자의 공부법이다.

첫 번째로 경제 신문을 구독해서 보고 있다. 기업, 증권, 부동산 면을 읽고 필요한 사항은 스크랩한다. 그리고 금리, 유가, 환율, 금값, 주식 지수 등의 추이는 시장의 흐름을 읽는 데 도움이 된다.

두 번째로 재테크 책을 읽는 것이다. 도서관에서 책을 빌려 읽기도 하지만 필요한 책은 구입해 읽는다.

세 번째로 부동산 관련 경제 TV 또는 유튜브를 보거나 팟빵을 듣는 것도 좋다.

네 번째로 온라인 블로그 또는 카페를 활용해 좋은 글과 생각을 얻기도 한다.

다섯 번째로는 부동산 카페에 가입해 회원, 운영진 및 강사로 활동을 한다. 재테크는 쉽지도 않지만 어렵지도 않다. 앞에서 이야기했던 것처럼 '빨리 가려면 혼자 가고 멀리 가려면 함께 가라'를 실천하지 않았다면, 작심삼일이 되었을지 모른다. 그리고 신문사 등에서 실시하는 유·무료 세미나 또는 강연에 참가하는 것이다. 필자는 매년 서울 머니쇼, 부동산쇼 등을 참석해 청강해왔다.

여섯 번째로 중요한 정보와 자료 그리고 활동들을 기록하는 것이다. 필자는 현재 대부분의 자료를 에버노트에 기록하고 메모한다.

마지막으로 가장 중요한 것이라고 할 수 있는데, 정기적으로 평가하는 것이다. 계획했던 것들을 잘 수행했는지 평가하고 개선하는 것이 매우 중요하다.

1. 경제 신문 읽기
2. 재테크 책 읽기
3. 경제 TV, 유튜브, 팟빵 보기
4. 온라인 블로그, 카페 활용하기
5. 카페, 세미나, 강의 참가하기
6. 지식과 경험 기록하기
7. 계획과 실행 평가하기

출처: Pixabay

Part

3

나는 부동산 투자로
더 행복한 삶을 꿈꾼다

경험은 최고의 스승이다.

- 라틴어 명언 -

책이나 선생님을 통해 배운 것은 완전한 배움이 아닙니다.
이것이 완성되려면 자신의 경험이 추가되어야 합니다.
'백문이 불여일견(百聞이不如一見)'이라는 말처럼
스스로 체험하고 터득한 것은 값지고 소중한 지혜가 됩니다.

1

2,000만 원으로 시작한
부동산 투자

우연한 기회에 시작한 부동산 투자는 내 인생의 터닝 포인트가 되었다. 아래는 부동산 실전 투자의 경험담 일부다. 필자의 부동산 투자는 '선배(친구) 따라 강남 간다'에서 우연히 시작되었다. 이 속담은 남들이 하니까 나도 해야 한다는 압박감을 가지고 무리하게 일하다가 결국 망한다는 뜻이다.

투자를 위해 종잣돈을 모으거나 특별한 투자 계획도 없었다. 아무런 계획도 없이 막연한 미래에 대한 두려움으로 시작한 부동산 투자는 필자의 두 번째 직업이 되었다. 하지만 필자의 부동산 투자가 처음부터 순탄하지만은 않았다. 그 이유는 투자 시작부터 짧게는 3개월, 길게는 1년 가까이 공실을 경험했기 때문이다.

나홀로 수입이었기 때문에 수입과 지출 밸런스를 맞추기 위해서는 항상 절약해야만 했다. 분양 빌라 계약을 위해 계약금 2,000만 원을 송금해야 했는데, 당시 수중에는 만기된 적금과 예금이 있었으나 필요 자금이 부족했다. 하지만 운 좋게도 은행에 다니던 친구로부터 추천받았던 마이너스 대출 덕분에 계약금을 마련할 수 있었다. 투자 경험을 통해 마이너스 통장의 필요성과 이점을 알게 되었다.

'경험은 최고의 스승이다'라는 명언처럼 투자의 실전 경험은 부동산 공부를 시작하게끔 만들었을 뿐만 아니라, 부동산에 대한 지식도 높여주었다. 그리고 실전 투자로부터 시작한 부동산 공부는 지금까지 경제적 자유를 향한 희망과 즐거움을 주고 있다.

무지에서 출발한 필자의 부동산 투자는 부동산에 대한 관심을 높여주었다. 부동산 투자를 시작하면서 경제 TV 부동산 프로그램을 일부러 찾아보곤 했다. 처음에는 이해도 되지 않고 재미도 없었지만, 매번 보다 보니 되풀이되는 부분도 많아서 점점 이해도가 높아졌다. 필자의 부동산 투자와 공부는 계획적이거나 체계적이지 못했지만, 실전 투자 경험과 함께 시작되었다.

부동산 투자 기회를 만들어준 분양 빌라 투자

'아파트에서 살고 싶나요? 빌라(다세대주택)에서 살고 싶나요?'라고 질문을 받는다면, 당신의 대답은 무엇인가? 아파트에서 살아본 경험이 있다면, 대부분 아파트라고 대답하지 않을까 생각한다. 필자도 다가구주택, 다세대주택, 그리고 아파트에서 살아본 경험이 있는데, 안전성, 편리성 등을 고려해 아파트라고 대답할 것이다.

필자는 결혼 후 매입한 다세대주택에 대해 좋지 않은 기억이 있었다. 이후 부동산 매매나 투자 경험도 없었고 부동산에 대해 좋지 않은 TV 뉴스 등으로 인해 부동산 투자와는 거리가 아주 멀었다. 투자를 한다고 시작은 했지만, 거주 관점에서만 바라보고 있었다. 더군다나 빌라 분양은 난생 처음한 시도이고 경험이었다. 이러한 이유로 빌라를 투자한다는 것이 썩 내키지 않았다. 하지만 투자자 관점에서 보면 부동산 투자가 수익이 되느냐 또는 수익이 되지 않느냐로 판단하는 것이 중요하다.

빌라에 투자하게 된 계기는 선배 따라 강남 간 것도 있었지만, 종잣돈이 부족했기 때문이기도 했다. 물론 빌라의 가격이나 투자금이 적게 들어가는 것은 아니었지만, 상대적으로 저렴한 주거 형태이고 쉽게 접할 수 있는 주거 물건이었기 때문이었다. 또한 서초구 지역은 수요가 꾸준해 공실 위험도 크지 않다는 점도 좋았다. 110쪽의 그림은 당시 약정한 빌라 분양 계약서이다.

빌라가 완공되고 속속 임대차계약이 진행되고 있었다. 하지만 필자의 물건은 분양 계약한 금액으로 임차인을 구하지 못하고 있었다. 알고 보니, 위례 신도시 입주 영향 때문에 빌라 임대차 시세와 수요가 떨어진 상태라고 했다. 전혀 예상하지 못한 공급의 이슈가 발생했던 것이다. 그것도 주변이 아니라 전혀 상관이 없을 것만 같은 위례 신도시 공급이 서초구 빌라에도 영향을 주었다. 분양 계약 조건에 임대차를 분양사가 구해주는 것으로 되어 있었기 때문에 추가 비용이 들어가지는 않았지만, 5개월 정도의 기회 손실이 발생했다.

서초동 다세대주택 분양계약서

분양받은 빌라는 단지형 빌라로 처음부터 수익형 부동산으로 운영해오고 있다. 투자금 대비 수익률이 9%로 나쁘지 않다. 하지만 경험이 쌓이다 보니, 아파트가 투자하기에 훨씬 더 수월할 뿐만 아니라 부동산 상승기에는 수익형 부동산과 비교할 수 없을 정도도 큰 시세차익도 기대할 수 있다는 것을 경험하게 되었다. 부동산 상승기에는 시세차익형에 투자하고, 부동산 하락기에는 수익형에 투자해야 한다는 말을 새삼 알게 되었고 경험했다.

분양 빌라 조감도

새로운 눈을 갖게 해준 수익형 부동산 투자

좌포의 부동산 경매 더리치에서 경매를 배운 후, 서울과 수도권 위주로 부동산 경매에 도전했다. 입찰서를 제출하고 기다리는 시간은 참으로 길게만 느껴진다. 입찰 가격을 잘 썼는지 혹은 너무 높지는 않은지, 아니면 너무 낮지는 않은지, 경험이 많지 않았던 필자에게 경매법원은 매번 긴장의 연속이었다. 입찰 마감을 안내하고 제출된 입찰서를 정리하고 낙찰자 발표가 시작되었다. 필자의 물건도 발표되었다. '최고가 매수인, XXX에서 오신 XXX님'입니다. 필자가 낙찰되었다. 입찰한 물건은 2호선 상왕십리역에서 5분 거리(300M)에 위치한 도시형생활주택 원룸이었다. 현재 이 물건은 투자금(2,000만 원) 대비 수익률은 10% 수준이다.

입찰한 물건은 물건번호가 2개인 물건이었다. 하나는 선순위가 있는 물건이어서 입찰하면 안 되는 물건이었고, 나머지 하나는 전세입자가 강제경매를 신청한 물건으로 권리상 문제는 없었다. 권리상 안전한 물건 하나를 입찰하기로 마음먹었다. 다만, 물건번호가 2개라서 배당이 길어질 수 있었다. 입찰 결과 총 3명이 입찰했는데, 2등과 200만 원 차이로 낙찰되었다.

두려움을 이겨내고 경험을 쌓다

낙찰 후 매각허가결정을 기다리고 있는데, 어느 날 갑자기 법원의 경매계에서 전화가 왔다. 낙찰받은 금액이 꽤 높은데, 이대로 진행해도 되겠는지를 물었다. 다시 생각해보면, 경매계로부터의 전화가 아닌 것 같기도 했고 수상한 전화였다. 아무튼, 전화를 받고 나서 너무 높게 받은 건 아닌지 괜히 걱정되었다. 또한, 주위로부터도 '너무 비싸게 받았다'라고 이야기를 듣고 있었던 터라 마음이 편하지만은 않은 상황이었다. 필자가 낙찰받은 가격은 감정가(9,800만 원) 대비 112% 수준인 11,000만 원이었다. 하지만 수익형 부동산으로 지금까지 꾸준한 수익을 주고 있다.

관련 물건번호	1 취하	2 낙찰						

20: 타경 ███ (2)		• 서울동부지방법원 본원 • 매각기일 : 2016.01.25(月) (10:00) • 경매 1계 (전화:02-2204-2405)		
소 재 지	서울특별시 성동구 ████		도로명주소검색	오늘조회: 1 2주누적: 0 2주평균: 0 조회동향

물건종별	다세대(빌라)	감 정 가	98,000,000원	구분	입찰기일	최저매각가격	결과
대 지 권	6.66m²(2.015평)	최 저 가	(100%) 98,000,000원	1차	2016-01-25	98,000,000원	
건물면적	12.24m²(3.703평)	보 증 금	(10%) 9,800,000원		낙찰 : 110,089,990원 (112.34%)		
매각물건	토지·건물 일괄매각	소 유 자	███		(입찰3명, 낙찰: ███)		
개시결정	2015-10-19	채 무 자	███		매각결정기일 : 2016.02.01 - 매각허가결정		
사 건 명	강제경매	채 권 자	███		대금지급기한 : 2016.03.03		
					대금납부 2016.03.03 / 배당기일 2016.04.01		
					배당종결 2016.04.01		

사진	건물등기	감정평가서	현황조사서	매각물건명세서	세대열람내역서	부동산표시목록	기일내역
문건/송달내역	사건내역	전자지도	전자지적도	로드뷰	온나라지도+		

• **매각물건현황** (감정원 : 남일감정평가 / 가격시점 : 2015.10.23 / 보존등기일 : 2011.07.22)

목록	구분	사용승인	면적	이용상태	감정가격	기타
건물	6층중 3층	11.06.30	12.24m² (3.7평)	원룸형방, 주방, 욕실겸화장 실, 발코니	71,540,000원	* 도시가스보일러 난방
토지	대지권		277m² 중 6.66m²		26,460,000원	

• **임차인현황** (말소기준권리 : 2011.08.31 / 배당요구종기일 : 2016.01.04)

임차인	점유부분	전입/확정/배당	보증금/차임	대항력	배당예상금액	기타
███	주거용 전부	전 입 일: 2013.03.09 확 정 일: 2013.03.06 배당요구일: 2015.12.18	보100,000,000원	없음	배당순위있음	

• **등기부현황** (채권액합계 : 113,000,000원)

No	접수	권리종류	권리자	채권금액	비고	소멸여부
1(갑1)	2011.07.22	소유권보존				
2(을4)	2011.08.31	근저당	███	13,000,000원	말소기준등기	소멸
3(갑2)	2015.05.06	압류	███			소멸
4(갑3)	2015.07.24	가압류	███	100,000,000원		소멸
5(갑4)	2015.10.19	강제경매	███	청구금액: 104,712,329원		소멸

수익형 부동산 낙찰

잔금대출을 받기 위해 ○○○○ 보험회사를 방문했다. 서류를 모두 작성하고 대출조건, 금리 등에 대해 설명을 들었다. 금리 할인을 물어보니, 해당 회사의 보험이 있으면 금리 할인을 받을 수 있다고 했다. 설명해주는 것이 당연할 것 같지만, 물어보거나 확인하지 않으면 설명해주지 않는 것 같았다. 대출받을 땐 할인 혜택 또는 조건이 있는지 꼭 확인하는 습관을 갖자.

세입자와 연락이 되어 날짜를 약속하고 방문했다. 집을 둘러보고 사진도 찍었다. 세입자 오빠라는 분과 이런저런 이야기를 나누게 되었는데, 여동생이 전세를 얻어 살고 있었던 집이었다. 직장을 옮기게 되어 이사를 가야 하는데, 전세금을 되돌려 받지 못해 경매를 진행하게 되었다고 했다. 경매를 진행하기 위해서 변호사 비용도 많이 들었고 빨리 이사하지 못하는 어려움을 토로했다. 당시 필자가 할 수 있는 건 이야기를 잘 들어주는 것밖에 없었다. 그리고 이사 날짜 등을 협의하고 헤어졌다.

이사하는 날, 명도확인서와 인감증명서를 가지고 방문했다. 이사는 예정대로 진행하고 있었다. 수도, 전기 등 관련 관리비 비용을 모두 정산하고 서로 확인했다. 집 열쇠를 받은 후, 명도확인서를 넘겨주었다. 최초의 명도였고, 문제없이 순조롭게 잘 마무리되었다. 그런데 이것으로 끝이 아니었다. 이제부터 시작이었다.

낙찰이 전부가 아님을 깨닫게 되다

입찰 당시 알아본 월세 시세는 2,000/50 또는 1,000/60이었고 임대도 어렵지 않을 것 같았다. 하지만 명도 후, 임대 시점이 되었을 때는 임차 수요가 줄었고 주위 신규 오피스텔 공급으로 인해 임차인 구하기가 쉽지 않았다. 주위 부동산에 집을 내놓았는데 전혀 소식이 없었다. 마음이 조급해져만 갔다. 서울에 투자한 물건은 예정대로 진행이 되지 않고, 지방에 투자한 물건은 임대가 나가지 않았다. 이러한 이유로 비용은 계속 추가되어 나가고만 있었고, 들어오는 돈은 하나도 없었다. 이런 어려움으로 인해 당시 스트레스를 많이 받았다. 여기저기 부동산에 임대를 내놓고 기다리고 있는데, 6월 말 부동산에서 연락이 왔다. 회사에서 파견한 직원 숙소로 쓸 예정인데 전세권 설정과 가격 인하를 요구했다. 전세권 설정은 가능하지만, 가격 인하는 안 된다고 했다. 다행히 6월 당시에 월세 물건이 많지 않아, 2,000/50으로 계약할 수 있었다. 하지만 몇 개월 후 임차인이 다른 곳으로 발령이 나서 계약 종료 전에 갑자기 이사했다. 계약 완료까지 월세를 받을 수 있었지만, 다시 공실이 되었다.

내용증명 발송과 임대차계약 해지를 통보하다

공실 4개월 만에 다른 부동산으로부터 연락이 왔다. 500/60 조건으로 요구했다. 공실이 길어져서 고민이 많았지만, 보증금이 작아서 받을 수 없는 조건이었다. 부동산에서는 계약을 맺기 위해 필자를 설득하려고 했다. 협의한 후에 700/60 조건으로 계약했다. 하지만 보증금이 작아 불안했는데, 첫 달 월세를 내고 그다음 달부터 월세가 들어오지 않았다. 조치를 취해야만 했다. 그래서 처음으로 내용증명을 발송했고 임대차 해지를 통보했다. 우여곡절 끝에 기간 만료 전 임대차를 해지하고 임차인을 내보낼 수 있었다. 하지만 다시 공실이 되었다.

다시 임차인을 구하다. 그리고 셀프 수리

이번에는 공실 2개월 만에 세 번째 임차인을 구했다. 2,000/50으로 계약했고 구청에도 임대차계약을 신고했다. 그런데 이전 임차인이 벽에 구멍을 많이 뚫어놓아서 도배를 해야만 했다. 최소 30만 원 이상의 비용이 소요될 것 같았다. 하지만 아내가 임차인과 잘 협의해 처음 월세를 5만 원 깎아주는 것으로 합의하고 구멍 있는 곳만 도배하는 것으로 했다. 처음에 같은 도배지로 구멍만 막으면 괜찮을 것 같았다. 한쪽은 괜찮았지만, 다른 한쪽은 구멍이 커서 그런지 마음에 들지 않았다. 그래서 마트에서 최대한 비슷한 도배지를 구입해 2개의 면을 셀프로 도배했다. 임차인도 특별히 문제를 제기하지 않아, 임차임과 임대인 모두 비용을 아낄 수 있었다. 이외 전등과 샤워기는 필자가 셀프 수리했다.

더리치 회원들과 함께한 지방 부동산 투자

순천시에 위치한 임대 후, 분양 전환 아파트에 투자했다. 더리치 회원들과 함께 임장했고 투자했기 때문에 부동산 투자에 대한 두려움을 최소화할 수 있었고 수리 및 임대에 대한 협업의 기대를 갖고 투자했던 물건이었다. 무엇보다 부동산 투자에 대한 실전 경험을 통한 공부가 목적이었으며, 선배 투자자들로부터 배움을 기대했다.

필자는 운 좋게 좋은 물건을 선택하게 되었다. 평수도 조금 더 크고 수리도 특별히 필요하지 않은 물건이었다. 하지만 스스로 준비도 하지 않고 노력도 하지 않았기 때문에 1년 가까이 공실이었던 물건이다. 당시 임대 물건들이 많이 나온 상황이었고 다른 회원들이 인테리어 수리도 했기 때문에 회원들 물건 임대 후 내 물건의 임대가 가능하지 않을까 하고 기다리고 있었다. 그런데 임대 물건이 줄어들지 않았다. 그 이유는 임대 후 분양 전환이 지속되고 있었기 때문이다.

필자의 생각이 완전히 틀렸고 잘못된 것이었다. 임차인을 구하기 위해 좀 더 빨리, 더 많은 부동산 중개소 문을 두드려야 했었는데, 경험도 없었고 주위에 도움을 구하려는 노력도 하지 않았다. 바쁘다는 핑계만 대고 있었다. 게다가 부지런하지도 않고 지역이 너무 멀어서 단체 임장 후 한 번도 내려가 보지도 않았다.

공실이 1년쯤 다 되어 갈 때쯤 부동산에서 연락이 왔다. 다른 선택의 여지가 없었다. 사전에 원하는 조건으로 다 해주겠다고 부동산에 이야기했다. 부동산에서 집을 확인한 후, 조명 및 디지털 도어록 교체, 보일러 수리를 요구했다. 교체 및 수리에 60만 원의 비용이 들었지만, 필자가 내려가서 수리하는 것은 매우 비효율적이고 비용 및 시간 측면에서도 경제적이지도 않았다. 부동산 중개사 사장님에게 잘 부탁을 드린다고 이야기하는 것이 필자가 할 수 있는 전부였다. 그리고 운 좋게 임대차계약을 했고 현재까지 첫 번째 임차인이 계속 살고 있다. 이 물건의 수익률은 투자금(1,000만 원) 대비 12% 수준이다.

순천시 수익형 아파트

앞선 사례에서 보듯이, 부동산 투자는 낙찰 또는 매매가 전부가 아니다. 낙찰 후 또는 매매 후 공실을 최소화하고 꾸준한 임대차계약관리를 유지해가는 것이 정말 중요하다는 것을 알게 되었다.

대출 레버리지 활용해야 한다

앞에서 소개한 사례들은 모두 대출 레버리지를 활용한 투자 물건들이다. 필자를 포함한 일반인 대부분은 막연히 대출을 두려워해온 사람들이다. 부동산 투자를 공부하기 전에는 빚은 있어서도 안 되고, 있다면 줄여야만 하는 것을 미덕으로 알고 그렇게 실천해왔다. 하지만 보통 사람이 대출 레버리지를 활용하지 않고 부자가 되기 어렵다는 것을 투자 공부를 하면서 깨달았다. 그리고 자금이 충분하지 않기 때문에 대출 레버리지를 최대한 이용해야 한다.

2

부동산 투자 여행을 경험하다

부동산 투자는 행복한 경험이고 매우 즐거운 여행이다. 경제적 자유를 향한 부동산 투자는 필자에게 큰 포부와 비전을 주었다. 그리고 '부동산 투자 여행을 시작했으니, 꼭 성공해야 한다. 부동산 투자를 통해서 인생을 바꿔보라. '기회가 널려 있다'라는 말을 되새길 것이다.

난생 처음 부동산 경매에 도전하다

부동산 경매 공부를 시작한 후, 3개월이 지난 2015년 11월 첫 입찰에 도전했으나, 큰 금액 차이로 패찰했다. 당시 회사에 다니고 있었기 때문에 휴가를 내고 입찰에 참여했었다. 구글 캘린더 일정표에도 입찰

일을 등록해놓고 입찰일만 기다리고 있었다.

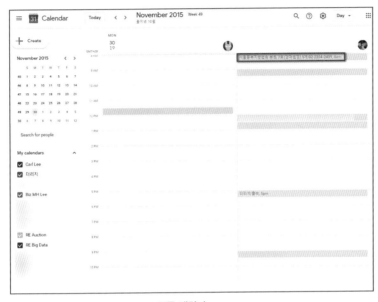

구글 캘린더

이 물건은 최초 임장과 함께 최초 입찰했던 물건이다. 집 근처에 있었던 아파트였기 때문에 집사람과 산책 겸 임장을 갔었다. 사실 그냥 위치 정도 알아보려고 간 것이라고 할 수 있다. 불은 꺼져 있었고 아무도 없는 것 같았다. 가까이 가서 보기가 두려웠다. 근처에 아파트 경비 아저씨가 있었지만, 필자는 소심해서 물어보지도 못하고 있었다. 아내가 용기를 내어 그 집에 대해 경비 아저씨에게 물어보았다. 이미 이사를 갔고 일부 짐만 조금 있는데, 전세금을 돌려받지 못한 문제가 있다고 이야기해주셨다.

명도는 문제가 되지 않을 것 같았고 권리분석도 문제가 없었다. 감정가 52,000만 원이었는데 1회 유찰되어 41,600만 원이 최저 가격이었다. 첫 입찰을 도전하기로 마음먹고 입찰가를 고민했었다. 이 물건은 전용 34평형으로 대형 평수의 물건이었기 때문에 입찰자가 많지 않을 것이라고 생각했다. 기존 낙찰 사례를 검토한 후, 적정 입찰가를 감정가의 90% 정도라고 생각하고 입찰했다. 연초 같은 평형 아파트가 감정가의 89% 수준에 낙찰되었고 필자 또한 비슷한 가격으로 입찰가를 설정했다.

하지만 결과는 큰 금액 차이로 패찰했다. 감정가의 103% 수준으로 낙찰되었다. 이 금액을 쓰려면 1차에 입찰했어야 하는 것 같은데, 당시에는 도저히 이해가 되지 않았다. 지금 생각해보니, 당시 아파트 가격은 상승하고 있었고 해당 단지는 재건축과 리모델링 이슈로 현수막도 걸려있고 개발 이슈가 있었기 때문에 미래 가치를 보고 감정가 이상으로 입찰했던 것으로 생각된다. 지금 이 아파트의 가격은 어떨까? 시세가 9억원에서 10억 5,000만 원으로 4년도 채 안되었는데 2배 정도 가격이 상승했다. 낙찰자는 매년 1억 원 이상의 수익을 얻게 되었다.

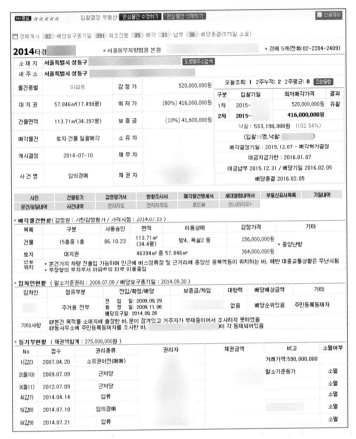

📅 경매개시 82 · 배당요구종기일 391 · 최초진행 35 · 매각 31 · 납부 36 · 배당종결(575일 소요)

2014타경 · * 서울동부지방법원 본원 · · 경매 5계(전화:02-2204-2409)

소 재 지	서울특별시 성동구	도로명주소검색				
새 주 소	서울특별시 성동구					

물건종별	아파트	감 정 가	520,000,000원	오늘조회: 1 · 2주누적: 2 · 2주평균: 0 · 조회동향

				구분	입찰기일	최저매각가격	결과
대 지 권	57.846㎡(17.498평)	최 저 가	(80%) 416,000,000원	1차	2015-	520,000,000원	유찰
건물면적	113.71㎡(34.397평)	보 증 금	(10%) 41,600,000원	2차	2015-	416,000,000원	

매각물건	토지·건물 일괄매각	소 유 자		낙찰: 533,198,000원 (102.54%)
개시결정	2014-07-10	채 무 자		(입찰16명,낙찰:)
				매각결정기일 : 2015.12.07 - 매각허가결정
사 건 명	임의경매	채 권 자		대금지급기한 : 2016.01.07

대금납부 2015.12.31 / 배당기일 2016.02.05
배당종결 2016.02.05

사진	건물등기	감정평가서	현황조사서	매각물건명세서	세대열람내역서	부동산표시목록	기일내역
문건/송달내역	사건내역	전자지도	전자지적도	로드뷰	온나라지도+		

■ **배각물건현황** (감정원 : 기탄감정평가 / 가격시점 : 2014.07.15)

목록	구분	사용승인	면적	이용상태	감정가격	기타
건물	15층중 1층	86.10.23	113.71㎡(34.4평)	방4, 욕실2 등	156,000,000원	* 중앙난방
토지	대지권		46394㎡ 중 57.846㎡		364,000,000원	

현황 위치 · * 본건까지 차량 진출입 가능하며 인근에 버스정류장 및 근거리에 중앙선 응복역등이 위치하는 바, 제반 대중교통상황은 무난시됨
· * 부정형의 토지로서 아파트의 터로 이용중임

■ **입차인현황** (말소기준권리 : 2009.07.09 / 배당요구종기일 : 2014.09.30)

입차인	점유부분	전입/확정/배당	보증금/차임	대항력	배당예상금액	기타
	주거용 전부	전 입 일: 2009.09.29 확 정 일: 2009.11.06 배당요구일: 2014.08.26		없음	배당순위있음	주민등록등재자

기타사항 · ☐본건 목적물 소재지에 출장한 바, 문이 잠겨있고 거주자가 부재중이어서 조사하지 못하였음
· ☐동사무소에 주민등록등재자를 조사한 바,)이 각 등재되어있음

■ **등기부현황** (채권액합계 : 375,000,000원)

No	접수	권리종류	권리자	채권금액	비고	소멸여부
1(갑2)	2007.04.20	소유권이전(매매)			거래가액:590,000,000	
2(을10)	2009.07.09	근저당			말소기준등기	소멸
3(을11)	2012.07.09	근저당				소멸
4(갑7)	2014.04.14	압류				소멸
5(갑8)	2014.07.10	임의경매				소멸
6(갑9)	2014.07.21	압류				소멸

굿옥션 성동구 아파트 화면

첫 낙찰 물건이 대박 물건이 되다

처음 도전한 물건에서 패찰한 후, 입찰할 물건을 찾고 임장도 했지만 좀처럼 기회가 오지 않았다. 당시 필자는 매일 밤 12시가 넘도록 경

매 정보지에서 물건을 찾았고 분석했다. 아래는 당시 찾은 물건을 엑셀에 정리하고 메모했던 자료들이다.

입찰일	년	사건번호	불	부행	감정	낙찰	낙찰	완	비고	종류	도	시	주소
20150817	14			2	440	458	104%	Y	2차 30명	Apt	서울	성동구	
20151012	15			1	568	576	101%	Y	1차 3명	Apt	서울	성동구	
20151130	14			2	520	533	103%	Y	2차 16명	Apt	서울	성동구	
20151215	14			2	174	취하	종결	Y		Apt	서울	강서구	
20151217	15				228	147	64%	Y	5차 1명	농지(답)	경기	평택시	
20151224	15				204	204	100%	Y	1차 1명	다세대	서울	서초구	
20151228	14				310	311	100%	Y	1차 1명	Apt	서울	노원구	
20151228	15				167	173	103%	Y	1차 6명	Apt	서울	노원구	
20151228	15		1		120	123	103%	Y	1차 2명	Apt	서울	노원구	
20151228	12				220	67	30%	Y	12차 3명	농지(전)	경기	파주시	
20151228	12				225	69	31%	Y	12차 2명	농지(전)	경기	파주시	
20151228	14				490	124	25%	Y	13차 1명	농지(전)	인천	남동구	
20151228	15				130	151	116%	Y	1차 2명	상가	서울	성동구	
20160106	14			2	340	351	103%	Y	1차 3명 입찰	Apt	서울	서초구	
20160112	12	(2)		2	230	215	93%	Y	2차 7명, 후순위 배당신청함	Apt	경기	군포시	
20160112	15		1		182	185	102%	Y	1차 4명, 선순위 대항력 배당신청함	Apt	경기	군포시	
20160112	15			2	318	254	80%	Y	2차 4명, 선순위 대항력 배당신청함	Apt	경기	군포시	
20160112	15		1		222	236	106%	Y	1차 11명	Apt	경기	군포시	
20160112	15			1	380	398	105%	Y	1차 1명 (제주시)	Apt	서울	강서구	
20160117	15			1	128	129	101%	Y	1차 1명	농지(답)	경기	군포시	
20160118	15				266	172	65%	Y	1차 1명	농지(답)	경기	평택시	
20160120	15			6	158	56	35%	Y	6차 1명	농지(답)	경기	남양주시	
20160125	15			2	180	180	100%	Y	2차 16명, 임차인 복잡해 보였으나	Apt	서울	서초구	
20160125	15	(2)	1		98	110	112%	Y	1차 3명, 임대 재고 필요 이용길 짹	다세대	서울	성동구	
20160126	15			6	203	70	34%	Y	6차 1명	농지(답)	경기	양주시	
20160128	15			2	175	152	87%	Y	2차 4명	다세대	서울	동작구	
20160201	15				206	121	59%	Y	6차 5명	농지(답)	경기	평택시	
20160202	15			2	170	167	98%	Y	7차 9명, 선순위 대항력 배당일 후 배당	Apt	경기	군포시	
20160204	15				213	172	81%	Y	6차 1명	Apt	경기	군포시	
20160211	13			14	179	48	27%	Y	14차 5명	농지(답)	경기	가평군	
20160211	14			8	472	131	28%	Y	8차 6명	농지(전)	경기	연천군	
20160215	15			2	475	468	99%	Y	2차 13명	Apt	서울	강동구	
20160215	15			2	350	기각	종결	Y		Apt	서울	강동구	
20160215	15	(3)		5	1,965	713	36%	Y	4차 2명 부산사람 선하지	임야	충남	당진시	
20160216	15			2	571	503	88%	Y	2차 7명	Apt	경기	군포시	
20160216	15			2	409	385	94%	Y	2차 9명	Apt	경기	군포시	
20160216	15			2	440	352	80%	Y	2차 5명	Apt	경기	안양시	
20160217	14	(1)		2	275	271	99%	Y	2차 11명	Apt	서울	서초구	
20160217	15			4	437	376	86%	Y	4차 2명 입찰	주택	서울	중구	
20160217	15			2	240	224	93%	Y	2차 17명 입찰	Apt	경기	수원시	
20160218	15	(3)		4	113	51	45%	Y	2차 9명 이하	농지(답)	경기	화성시	

경매 물건 리스트

드디어 서초구에 위치한 아파트 물건을 찾게 되었다. 임장을 갔는데 주위에서 부동산을 찾기가 쉽지 않았다. 운이 좋았던 것일까? 지하에 위치한 부동산을 방문하게 되었는데, 이 아파트의 역사와 함께 시세 등을 설명해주었다. 주위에 이러한 소형 아파트가 없고 아파트 근처에 쇼핑몰이 있어 젊은 직장인 또는 신혼부부가 살기에 정말 좋아 보였다. 입찰 목표는 단기매도 투자였는데, 이후 생각이 바뀌게 되었다. 이번엔 꼭 낙찰받아야 한다고 생각했다. 입찰가 결정은 매우 단순했다. 왜냐하면 최근 낙찰률을 계속 분석해왔기 때문이다. 감정가 대비 103~105%로 낙찰되는 경우가 많았기 때문에 입찰가는 감정가 대비 103.2%로 결정했다.

입찰 결과 발표 시간이 되었다. 이전에 떨어진 경험 때문에 큰 기대를 하지 않고 있었지만, 떨리는 것은 똑같았다. '낙찰자 XXX에서 오신 XXX입니다'라고 호명되었다. 필자가 낙찰받은 것이다. 정말 믿어지지가 않았다. 영수증을 받고 밖으로 나오는데, 어떻게 알았는지 대출 명함을 엄청 많이 주셨다. 법원 밖으로 나와 멘토에게 전화를 걸어 좋은 소식을 가장 먼저 알렸다.

즉시항고와 재항고, 그리고 기다림

이제 매각허가확정만 기다리면 된다. 필자의 '계획했던 대로 단기 투자를 할 수 있겠구나'라는 생각은 이내 곧 깨지고 말았다. 채무자의 즉시항고장이 제출되었기 때문이다. 앞서 경험이 있었던 분들이 조언해주셨는데, 기다리고 있으면 이자와 함께 보증금을 되돌려준다고 한다. 잊어버리고 빨리 다른 물건을 다시 찾아보라고 권해주었다. 부동산 투자도 쉽지 않고 운도 정말 안 따르는 것만 같았다.

1~2달이 지나면 항고 결과가 나올 줄 알았는데, 아무런 회신이 없다. 이러지도 저러지도 못하는 상황이었다. 법원에 문의하면 친절하지도 않고 서로 핑퐁만 치는 것 같았고 진행 상황을 전혀 알 수가 없었다. 필자가 매주 사이트에 접속해 확인하는 것이 최선이었다. 기대는 실망

이 되었고, 빨리 결정되어 보증금이나 되돌려 받고 싶다는 생각뿐이었다. 그러던 중에 7월 갑자기 항고가 기각된 것이다. '기다린 보람이 있었을까? 이제 소유권 이전만 하면 되겠네'라고 생각하는 것도 잠시뿐이었다. 다시 재항고가 제출되었다. 또 얼마나 기다려야 하나 하고 있는데, 일주일 정도 지났을까? 재항고도 기각이 되었다. 이제 다 끝난 것인가? 여전히 불안했지만, 이후 잔금납부기한만을 기다리고 있었다.

관련 물건번호	1 낙찰	2 낙찰					

201○타경 (2) • 서울중앙지방법원 본원 • 매각기일 : 2016.01.06(水) (10:00) • 경매 10계(전화:02-530-2714)

소재지	서울특별시			
새 주소	서울특별시			

물건종별	아파트	감 정 가	340,000,000원
대지권	15.91㎡(4.813평)	최 저 가	(100%) 340,000,000원
건물면적	30.18㎡(9.129평)	보 증 금	(10%) 34,000,000원
매각물건	토지 건물 일괄매각	소 유 자	
개시결정	2014-10-10	채 무 자	
사 건 명	임의경매	채 권 자	

오늘조회:1 2주누적:4 2주평균:0 조회동향

구분	입찰기일	최저매각가격	결과
	2015-08-19	340,000,000원	변경
	2015-09-23	340,000,000원	변경
	2015-10-28	340,000,000원	변경
1차	2016-01-06	340,000,000원	

낙찰: 350,989,990원 (103.2%)
(입찰:명, 낙찰: /)
차순위금액 348,973,000원)
매각결정기일 : 2016.01.13 - 매각허가결정
대금지급기한 : 2016.08.25
대금납부 2016.08.11 / 배당기일 2016.09.29
배당종결 2016.09.29

사진	건물등기	감정평가서	현황조사서	매각물건명세서	세대열람내역서	부동산표시목록	기일내역
문건/송달내역	사건내역	전자지도	전자지적도	로드뷰	온나라지도		

• 매각물건현황(감정원 : 석원감정평가 / 가격시점 : 2014.10.27 / 보존등기일 : 1997.01.17)

목록	구분	사용승인	면적	이용상태	감정가격	기타
건물	15층중 11층	96.12.17	30.18㎡ (9.13평)	주거용	129,200,000원	
토지	대지권		2557.5㎡ 중 15.91㎡		210,800,000원	

현황 위치	· 지하철3호선 잠원역 남서측 인근에 위치하며, 주변은 아파트단지, 근린생활시설 등이 소재하는 주거지대로 주위환경은 보통시됨. · 본건까지 차량 진입도 가능하며, 인근에 버스정류장 및 지하철3호선 잠원역 및 지하철7호선 반포역이 소재하는 등 전반적인 교통여건은 양호함. · 본건은 사다리꼴의 토지로 아파트 건부지로 이용중임. · 본건 북동측으로 노폭 약 3미터 내외, 남동측으로 노폭 약 24미터 내외의 포장도로에 접함.
참고사항	· 건축물대장상 전유부 건축물현황도의 가 바뀌어 있어 표제부의 호수와 현황의 점유위치를 기준으로 표기함.

• 임차인현황 (말소기준권리 : 2001.10.12 / 배당요구종기일 : 2015.01.05)

임차인	점유부분	전입/확정/배당	보증금/차임	대항력	배당예상금액	기타
	주거용 전부	전 입 일: 2007.11.23 확 정 일: 2007.11.23 배당요구일: 2014.11.18		없음	배당순위있음	

기타사항	☞본건 소재 부동산 기 거주한다고 함. (본건 과 면담)

• 등기부현황 (채권액합계 : 50,400,000원)

No	접수	권리종류	권리자	채권금액	비고	소멸여부
1(갑5)	2001.10.11	소유권이전(매매)			말소기준등기	
2(을4)	2001.10.12	근저당		20,400,000원	양도전:주식회사하나은행	소멸
3(을6)	2004.11.01	근저당		30,000,000원	양도전:주식회사하나은행	소멸
4(갑15)	2014.01.09	소유권이전 청구권가등기			매매예약	소멸
5(갑19)	2014.10.13	임의경매		청구금액: 380,000,000원		소멸
6(갑20)	2014.11.05	임의경매		청구금액: 50,400,000원		소멸
7(갑21)	2015.05.01	압류				소멸

굿옥션 서울시 서초구 아파트 화면

낙찰이 끝이 아니다

어느 날 지방 출장 중이었는데, 낙찰받은 집의 세입자라는 분으로부터 전화가 왔다. 다짜고짜 어떻게 할 거냐고 묻는데, 내용을 이해하지 못한 상황에서 당황해서 뭐라고 답할 수가 없었다. 급히 멘토에게 전화해서 문의하니, 잔금을 빨리 내야 한다고 조언해주었다. 다시 세입자와 통화했고 원하는 대로 가능한 한 다 맞춰줄 테니 걱정하지 말라고 안정시켰다.

이미 경매 절차는 끝났기 때문에 채무자는 세입자 동의를 받은 후, 대출을 받아 경매를 기각시키려고 했다. 하지만 세입자는 이사 계획이 있었고 일전에도 경매가 있었던 터라 또 경매가 될 수 있으니 필자에게 연락했고 요구사항을 협상했던 것이다. 세입자가 연락해주었기 때문에 이러한 상황을 알게 되었고, 운 좋게도 내 편이 되어주었다.

국민은행 마이너스 통장

출장 중에 급히 아내에게 전화했다. 은행에서 대출을 받아 내일까지 잔금을 납부하는 것은 불가능했기 때문에 보유하고 있는 퇴직금과 마이너스 대출 외에 부족한 자금을 내일 오전까지 구할 수 있는지 급히 알아보라고 했다. 직장에 있었을 때 마이너스 대출 금액 한도를 높게 해놓았는데, 필요할 때 아주 요긴하게 쓸 수가 있었다. 세입자 전화를 받고 바로 그다음 날 잔금을 납부했다. 채무자보다 앞서 잔금을 납부했기 때문에 소유권 이전이 가능했다. 반면 같은 경매 건으로 진행되었던 다른 물건은 기각되어 해당 물건의 낙찰자는 행운을 얻지 못하게 되었다.

잔금 납부와 등기 완료 후 세입자와 만났고 집을 방문했다. 세입자는 젊은 신혼부부로, 2017년 2월에 이사를 갈 계획이었기 때문에 필자가 낙찰받아 해결해주길 바랐던 것이다. 이분들의 도움으로 좋은 물건을 소유하게 되었기 때문에 감사한 마음으로 많은 배려와 함께 선물도 보냈다.

세입자의 도움이 없었더라면, 마이너스 통장이 없었더라면, 좋은 물건을 낙찰받고도 이런 행운을 놓칠 뻔했다. 3억 5,000만 원에 낙찰받은 이 물건의 현재 시세는 6억 원 수준이다. 낙찰되고 예정대로 잔금을 납부했더라면 단기 투자로 매각했을 수도 있었다. 하지만 매각허가확정이 늦어지면서 단기 투자가 아니라 장기 투자로 바뀌게 되었다. '인생사 새옹지마'라고 하듯이 화가 복이 되기도 하고 행운이 불행이 되기도 한다.

일반 매매와 그 이후 이야기

일반 매매는 편하게 부동산을 매입할 수 있는 장점이 있다. 일반 매매는 보통 부동산 중개사로부터 소개를 받는 경우다. 집 내부를 볼 수 있고 가격도 흥정할 수 있다. 투자자의 부동산 투자는 경매를 통해서든 일반 매매를 통해서든, 분양을 통해서든 부동산 투자를 해야 한다는 것이고 좋은 물건을 적정한 가격에 매입했다면 잘된 투자라고 할 수 있다.

일반 매매를 통해 고양시 일산서구에 위치한 아파트를 매입했다. 매도자는 나이가 있는 남성이었는데, 매도 후 이사를 가지 않고 월세로 살기로 했다. 새로 임차인을 구하려면 집수리도 해야 하고 세입자를 구하는데, 시간도 필요하니 매도자와 월세 계약을 하는 게 더 나을 것 같았다.

어느 날, 잘 들어오던 월세가 들어오지 않았다. 무슨 일이 있는지 세입자에게 연락하려고 했는데, 모르는 전화번호로부터 전화가 왔다. 세입자의 아들이라고 했다. 아버지가 돌아가셔서 장례를 치르고 난 후 연락을 하게 됐다고 했다. 월세 기간이 남아 있었지만, 계약을 종료하지 않을 수 없게 되었다. 이런 경우는 전혀 예상하지 못했던 경우다. 문제는 계약 종료가 아니라 임차인 사망 시 보증금 반환을 어떻게 해야 할지를 몰랐다.

공인중개사 지인으로부터 임대인 입장에서 가장 간단하고 편한 방법은 법원에 공탁하는 것이라고 조언을 받았다. 공탁에 대한 지식과 경험이 없으니, 공탁도 필자에겐 쉬운 일이 아니었다. 임차인의 자제분에게 공탁으로 진행하겠다고 회신했다. 반면, 임차인의 자제분은 금액이 크지 않고 신분이 확실하니 확인서를 받는 것으로 하자고 했다. 난감했지만 지인에게 재차 조언을 구한 후, 인감증명서, 가족관계증명서를 첨부해서 인감도장을 날인한 상속재산협의서를 받아 상속협의서 내용대로 보증금을 반환하는 것으로 마무리했다.

경험과 지식을 쌓은 안타까운 패찰 물건들

경매 임장 물건은 사전에 숙지해야 한다

송파구에 위치한 전용 8평 소형 아파트로 아내와 함께 임장했던 물건이다. 소형이면서 가격 또한 높지 않아 매력적인 물건이었다. 시세를 알아보기 위해 부동산에 방문했는데, 부동산에서 문전박대를 당했다. 필자가 물건에 대한 숙지가 부족해 핸드폰으로 경매 물건을 보고 있었는데, 이를 공인중개사가 보고 아내와 필자를 문전박대했다.

꼭 낙찰을 받아야겠다고 생각하고 입찰했지만, 패찰하고 말았다. 매매가 대비 전세가가 낮아 투자금이 많이 들어갈 수 있었기 때문에 입찰가를 보수적으로 설정한 게 패찰의 이유였다. 당시 부동산에 대한 지식과 확신, 그리고 앞선 입찰사례 경험에 비추어 감정가 수준으로 입찰했어야 했다. 현재 이 물건의 시세는 매매가가 3억 4,000만 원에서 3억 6,000만 원으로 최소 1.5억 원 이상 상승했다.

굿옥션 서울시 송파구 아파트 화면

투자자의 눈에는 투자자가 보인다

새로운 신도시가 어떤지도 궁금해서 가족과 함께 임장을 갔었던 물건
이다. 아이와 엄마는 아파트 단지의 놀이터에서 놀고 있고 필자가 아파트
임장을 했다. 멀리서 어느 젊은 여자 한 분이 열심히 사진을 찍고 있었다.
임장 왔다는 것을 바로 알 수가 있었다. 아파트 내부에는 들어갈 수가 없어 밖에서 해당 물건을 열심히 점검하고 있었던 것이다.

이 물건은 입찰자가 무려 55명이었다. 감정가 대비 140%에 낙찰되었다. 감정가는 감정가일 뿐이었다. 입찰가는 일반적으로 시세를 기준으로 입찰 가격을 설정한다. 옆 단지도 같은 날 경매가 진행되었다. 본건보다 감정가는 높았지만, 상대적으로 낮은 가격에 낙찰되었다. 역시 감정가는 감정가일 뿐이었다. 더 좋은 물건이 더 높은 가격에 낙찰되는 것은 어찌 보면 당연한 것이다.

굿옥션 서울시 송파구 아파트 화면

아래 물건 또한 가족 모두가 함께 임장을 했던 상가 물건이다. 우리 가족은 주문을 하고 한동안 앉아서 이런저런 이야기를 나누면서 얼마나 많은 사람이 오는지 정상적으로 영업이 되고 있는지를 살펴보았다. 몇몇 사람들이 들어와 주문하고 물건을 사고 있었다. 그러다 어느 남자분과 눈이 마주쳤고 임장 온 것을 금방 알 수 있었다. 이 남자는 물건을 사고 여기저기 살펴본 후, 건너편 부동산을 방문했고 사진도 찍었다. 그 남자도 필자가 임장을 왔다는 것을 알아봤을 것만 같았다. 임장 경험이 쌓이면서 임장 온 사람인지를 알 수가 있었고, 만나기도 했다.

굿옥션 군포시 상가 화면

대박 물건 낙찰을 도와준 물건

이 물건은 서초구에 위치한 다세대주택 물건이다. 지인과 함께 임장을 다녀온 후, 입찰에 도전하기로 마음먹었다. 신 건에 입찰하면 낙찰 확률이 높겠다고 생각했고, 당시 시세를 고려해 감정가 이상으로 입찰하는 것은 옳은 결정이 아니라고 생각했다. 이러한 이유로 1원만 더 써서 입찰할 계획이었다.

아내와 함께 법원에 가는 데 차가 너무 막혀 늦기도 했지만, 처음 방문하는 법원의 경매법원 찾기가 매우 어려웠다. 입찰 시간이 종료되어 결국 입찰을 할 수가 없었다. 만약 입찰했다면 필자가 1원 차이로 낙찰될 수 있었던 물건이었다. 1명만이 입찰에 참가해서 100% 감정가로 입찰했기 때문이다. 이 물건은 입찰하지 못했지만, 앞서 설명한 첫 낙찰 대박 물건을 위한 연습 과정이었다. 왜냐하면, 대박 물건의 법원이기 때문이다. 현재 이 물건의 시세는 1,000만 원 정도 오른 21,500만 원 수준으로 만족스러운 가격 상승은 없었다.

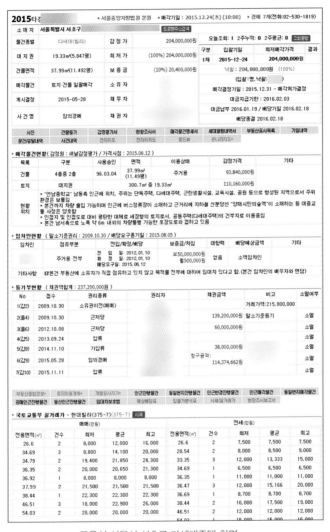

2015타경 ○ 서울중앙지방법원 본원 ○ 매각기일 : 2015.12.24(木) (10:00) ○ 경매 7계(전화:02-530-1819)

소 재 지	서울특별시 서초구	도로명주소검색						
물건종별	다세대(빌라)	감 정 가	204,000,000원	오늘조회: 1 2주누적: 0 2주평균: 0 조회동향				
대 지 권	19.33㎡(5.847평)	최 저 가	(100%) 204,000,000원	구분	입찰기일	최저매각가격	결과
건물면적	37.99㎡(11.492평)	보 증 금	(10%) 20,400,000원	1차	2015-12-24	204,000,000원	
매각물건	토지 건물 일괄매각	소 유 자		낙찰 : 204,000,000원 (100%)			
개시결정	2015-05-28	채 무 자		(입찰1명,낙찰:)			
사 건 명	임의경매	채 권 자		매각결정기일 : 2015.12.31 - 매각허가결정			
				대금지급기한 : 2016.02.03			
				대금납부 2016.01.19 / 배당기일 2016.02.18			
				배당종결 2016.02.18			

사진	건물등기	감정평가서	현황조사서	매각물건명세서	세대열람내역서	부동산표시목록	기일내역
문건/송달내역	사건내역	전자지도	전자지적도	로드뷰	온나라지도+		

• 매각물건현황(감정원 : 새날감정평가 / 가격시점 : 2015.06.12)

목록	구분	사용승인	면적	이용상태	감정가격	기타
건물	4층중 2층	96.03.04	37.99㎡ (11.49평)	주거용	93,840,000원	
토지			대지권	300.7㎡ 중 19.33㎡		110,160,000원	

현황 위치	• "언남중학교" 남동측 인근에 위치, 주위는 단독주택, 다세대주택, 근린생활시설, 교육시설, 공원 등으로 형성된 지역으로서 주위 환경은 보통임 • 본건까지 차량 출입 가능하며 인근에 버스정류장이 소재하고 근거리에 지하철 신분당선 "양재시민의숲역"이 소재하는 등 대중교통 사정은 양호함 • 인접지 및 인접도로 대비 평탄한 대체로 세장형의 토지로서, 공동주택(다세대주택)의 건부지로 이용중임 • 본건 남서측으로 노폭 약 6m 내외의 차량통행 가능한 포장도로와 접하고 있음

• 임차인현황 (말소기준권리 : 2009.10.30 / 배당요구종기일 : 2015.08.05)

임차인	점유부분	전입/확정/배당	보증금/차임	대항력	배당예상금액	기타
	주거용 전부	전 입 일: 2012.01.10 확 정 일: 2012.01.10 배당요구일: 2015.06.12	보50,000,000원 월500,000원	없음	소액임차인	

기타사항	☞본건 부동산에 소유자가 직접 점유하고 있지 않고 목적물 전부에 대하여 임대차 있다고 함.(본건 입차인의 배우자와 면담)

• 등기부현황 (채권액합계 : 237,200,000원)

No	접수	권리종류	권리자	채권금액	비고	소멸여부
1(갑2)	2009.10.30	소유권이전(매매)			거래가격:215,000,000	
2(을4)	2009.10.30	근저당		139,200,000원	말소기준등기	소멸
3(을6)	2012.10.08	근저당		60,000,000원		소멸
4(갑5)	2013.09.24	압류				소멸
5(갑8)	2014.11.10	가압류		38,000,000원		소멸
6(갑9)	2015.05.28	임의경매		청구금액: 114,374,662원		소멸
7(갑10)	2015.11.11	압류				소멸

부동산종합정보+	토지이용계획+	개별공시지가+	인근진행물건	동일번지진행물건	인근경진행물건	인근매각물건	동일번지매각물건
공매인근진행물건	동산인근진행물건	임대차보호법	예상배당표	입찰가분석표	시세/실거래가	현장조사보고서	

• 국토교통부 실거래가 - 현대빌라(375-7)(375-7) 시세

매매(만원)				전세(만원)			
전용면적(㎡)	건수	최저	평균	최고	전용면적(㎡)	건수	최저	평균	최고
26.6	2	8,000	12,000	16,000	26.6	2	7,500	7,500	7,500
34.69	3	8,800	14,100	20,000	28.54	2	8,000	8,500	9,000
34.79	2	19,400	21,850	24,300	33.35	3	12,000	13,333	15,000
36.35	2	20,000	20,650	21,300	34.69	1	6,500	6,500	6,500
36.92	1	8,000	8,000	8,000	36.35	1	11,000	11,000	11,000
37.99	2	21,500	21,500	21,500	36.47	3	12,000	15,166	20,000
38.44	1	22,300	22,300	22,300	36.69	1	8,700	8,700	8,700
46.51	3	18,000	22,900	26,000	38.44	2	16,000	17,500	19,500
54.03	2	20,000	20,000	20,000	46.51	2	12,000	12,000	12,000
					54.03	1	15,000	15,000	15,000

굿옥션 서울시 서초구 다세대주택 화면

3

나도 셀프로 할 수 있다

필자는 손기술이 좋은 사람이 아니고, 직접 셀프 수리하는 것을 좋아하는 사람도 아니다. 하지만 부동산 투자를 시작하면서 셀프 인테리어와 셀프 등기도 직접 시도하고 경험했다. 필자와 같이 부동산 투자를 시작한 사람 또는 투자 중인 투자자라면 이러한 경험을 꼭 해볼 것을 권하고 싶다.

하지만 모든 것들을 셀프로 할 수는 없다. 능력이 안 될 뿐만 아니라 시간과 비용 측면에서도 경제적이지 못하고 효율적이지도 않다. 앞서 경험했던 선배들의 글을 참조해도 좋고 주위 지인들의 경험과 조언을 참고해서 내가 할 수 있는 범위를 정하고, 시간과 비용 측면에서 적정하게 셀프 또는 외부 수리를 선택하기를 권한다. 그리고 할 수만 있다면, 1~2번 정도의 셀프 시도는 나쁘지 않다고 생각한다.

누구나 가능한 '셀프 인테리어'

셀프 인테리어는 청소부터… 하지만 임차인 눈높이에 맞춰야

성동구에 위치한 원룸의 명도 완료 후 열쇠를 받았다. 이제 임차인 맞을 준비를 해야 했다. 이사 후, 내부를 확인해보니 깨끗해 보였다. 비용을 최대한 줄이기 위해 셀프 청소만 하는 것으로 결정했다. 샤워기와 전등은 필자가 직접 교체했다. 그런데 첫 번째 임차인이 아주 꼼꼼하고 철저한 분이었다. 사진과 함께 다음 메시지를 보내왔다. 이러한 이유로 빠른 시일 내에 도배해주는 것으로 합의했다.

커튼 없는 창가 아래쪽 곰팡이
에어컨 옆, 에어컨 아래 곰팡이
싱크대 컵받이 휘어짐
현관 신발장 옆 걸레받이 파손 및 곰팡이
현관 욕실 연결별 곰팡이
현관 욕실 위 곰팡이

도배 전

도배 후

내 생애 최고의 셀프 인테리어에 도전하다

8개월 이상을 기다렸던 부동산 경매 투자 물건에 대해 생애 최초의 셀프 인테리어를 도전해보기로 마음먹었다. 다른 투자자처럼 나도 한번 도전해보고 싶다는 단순한 생각에서 출발했다. 그리고 비용을 절감하고자 했고 소형 아파트이면서 사는 곳과 멀지 않은 곳에 위치해 있었기 때문이다. 도배만 외주를 주고 다른 것들은 있는 그대로 활용하거나 셀프 수리하는 것으로 목표를 설정했다. 하지만 무엇을 얼마만큼 어디까지 준비해야 하는지를 몰라 생각만 하는 데 꽤 많은 시간이 흘렀다. 다행히 경험이 있었던 후배의 도움을 받을 수 있어 셀프 인테리어를 시작할 수 있었다.

• 페인트칠하기

먼저 몰딩부터 페인트를 칠하기로 했다. 나중에 도배해야 하기 때문에 먼저 몰딩에 붙어 있는 도배지부터 제거했다. 그리고 난 후 젯소를 바르고 흰색의 수성 페인트를 칠했다. 페인트를 칠하는 것은 꽤 재미있었지만, 도배지를 제거하는 것은 꽤 힘들었다. 나중에 도배 전문가로부터 몰딩으로부터 도배지를 잘 제거했다고 칭찬을 들었지만, 페인트칠하기 전 준비가 꽤 힘든 작업이었다.

방 몰딩 페인트 수리 전후

다음으로 베란다를 페인트칠했다. 습기 때문인지 페인트가 뜬 곳이 일부 있었다. 이곳은 페인트를 제거하고 곰팡이 제거제를 바른 후, 일정 시간 지난 다음 페인트를 칠했다. 베란다 천장 빨래건조대(2만 원)도 구입해 직접 교체했다.

베란다 페인트 수리 전후

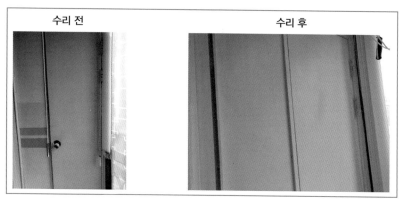

베란다 창고 페인트 수리 전후

부엌과 안방 사이의 문틀 또한 흰색으로 칠했다. 문짝 유리창이 하나가 깨져 없었는데, A4 사이즈 아크릴판 2개가 딱 맞아 간단히 수리할수 있었다.

문 페인트 수리 전후

현관문 또한 흰색으로 완전히 바꿔 칠했다. 나중에 디지털 도어락(5만 원), 말발굽(1만 원), 안전고리(1만 원)도 셀프로 교체했다.

현관문 페인트 수리 전후

• 교체 수리하기

문손잡이(1만 원)도 교체했다. 처음 분해 제거하는 것이 조금 어려울 뿐, 교체 장착하는 것은 그렇게 어려운 일이 아니었다.

문 손잡이 수리 전후

후드를 교체해야 했다. 종류 및 가격도 다양하고 사이즈도 알아야 했다. 한동안 인터넷 검색을 했다. 15만 원대 후드를 구입해서 직접 교체 설치했다. 혼자서 설치를 하다 보니 너무 힘들었다. 가능하면 2명이 같이하면 무리 없이 교체 설치할 수 있다. 참고로, 후드 고정대는 이전 고정대를 사용할 수도 있고, 어렵지 않게 교체할 수 있다.

후드 교체 수리 전후

싱크대는 외주로 모두 교체하면 좋을 듯했는데, 아내의 강력한 주장으로 싱크대 주문과 직접 설치를 알아보다가 싱크대 상판만 교체하는 것으로 결정했다. 꽤 오랜 시간 동안 인터넷 검색으로 싱크대 상판(5만 원)을 구입해 교체 수리했다.

싱크대 상판 교체 수리 전후

• 타일 줄눈 보수하기

건축 관련 전시회에 참관했다가 구매했던 줄눈 보수제(10만 원)를 활용해 베란다와 화장실 줄눈을 흰색으로 보수했다.

타일 줄눈 보수 수리 전후

페인트 수리 전후

• 베란다 유리창 청소하기

가장 힘들었던 작업 중의 하나였다. 이전 세입자가 설치했는지 유리
창에 시트지가 붙어 있었다. 오랜 시간 동안 햇빛에 바란 상태였기 때문
에 교체하든지 없애야만 했다. 제거하려고 했지만, 접착제가 달라붙어
서 잘 떨어지지 않았다. 시너를 칠한 후, 끌칼로 수없이 제거해야만 했
다.

베란다 유리창 청소 전후

• 습기로 썩은 욕실 문틀 보수하기

수리해놓고 보니 정말 신기했다. 지인에게 조언을 구해 습기로 썩은 욕실 문틀을 직접 수리했다.

욕실 문 수리 전후

• 전등 및 콘센트 설치하기

도배 완료 후 전등 및 콘센트를 직접 설치했다. 그런데 세입자 입주 후, 어느 날 갑자기 연락이 왔다. 전등이 떨어질 뻔했다는 이야기를 듣고 정말 놀랐다. 천장 고정이 잘 안 되었던 것 같다. 전등불이 들어오지도 않는다고 해서 바로 방문해 다른 아크릴 타입 전등으로 교체해주었다.

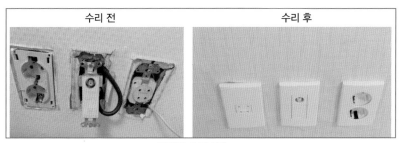

콘센트 수리 전후

| 수리 전 | 수리 후 |

전등 수리 전후

부족한 부분이 많았지만, 내 인생 최고의 셀프 인테리어를 시도해보았고, 소중한 경험이 되었다. 전등과 콘센트, 그리고 도배만 교체 수리해도 기존과 엄청 달라진 분위기를 느낄 수 있었다. 세입자로부터도 깨끗한 집을 임대해주셔서 감사하다는 이야기를 들을 수 있었다.

다음은 수리 후 사진과 아파트에서 바라본 전경이다.

| 수리 전 | 수리 후 |

안방·부엌 수리 전후

수리 전	수리 후

욕실·부엌 수리 전후

아파트 앞과 뒤 전망

인테리어, 시간과 비용을 고려해야 한다

순천 부동산 중개업소에서 연락이 왔다. 전체적으로 사용하는 데 크게 문제가 없을 것 같다고 했다. 다행히 전체 수리는 필요하지 않고 전등, 콘센트, 디지털 도어락, 그리고 고장 난 보일러 센서만 교체 수리를 요청했다. 총비용이 60만 원 정도였고, 부동산 중개업소에 수리에 대한 모든 것을 위임하고 비용만을 송금했다. 다음은 수리 내역에 대한 증명으로 보내준 사진들이다.

수리 견적서/영수증

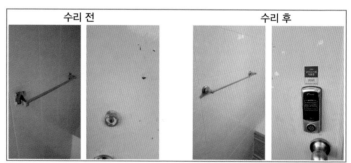

수리 견적서 및 영수증

수리 전	수리 후

욕실 · 번호키 수리 전후

수리 후

등 교체 수리 후

전문가에게 의뢰하는 것이 빠르다

고양시 일산서구에 투자한 아파트는 보증금 반환 후 집수리를 가능한 한 빨리해야 했지만, 다른 일들로 인해 집수리가 늦어지고만 있었다. 설상가상으로 이사 간 후 집 상태를 확인해보니, 이전에 확인할 수 없었던 거실 바닥 한 부분이 금이 가고 볼록 튀어 올라와 있는 하자가 있었다. 관리사무소에 문의했더니 하자가 아니라며 개인이 알아서 처리해야 한다고 했다. 수리 전문가에 문의하니, 수리비가 꽤 나올 수 있다고 답변을 받았다. 화장실, 싱크대, 도배를 외부에 맡길 계획이었기 때문에 인테리어 전문가에게 턴키로 함께 수리를 요청했다. 다행히 바닥 건으로는 큰 비용 추가 없이 수리를 마무리할 수 있었다. 계획에 없었던 비용(1,200만 원)이 추가 지출되었다.

전문가에게 의뢰한 수리 전과 후

손기술이 좋은 사람은 셀프 인테리어로 비용을 절감할 수 있다. 개개인의 능력이 다를 수 있다. 본인의 장점을 살려 셀프 인테리어에 도전해 비용을 줄일 수 있다면, 매매 또는 경매에서 큰 힘을 발휘할 수 있다. 하지만 손기술이 없다고 낙담할 필요는 없다. 부동산 투자에 반드시 셀프 인테리어가 필요한 것이 아니기 때문이다. 투자가 쌓이다 보면, 수리에 대한 가격과 업체 정보를 알 수 있다. 나 혼자 모든 것을 할 수 없다. 전문가를 잘 활용하면 된다. 필자의 기준은 비용과 시간 측면에서 어느 것이 더 경제적인가에 달려 있다.

쉽게 따라 할 수 있는 '셀프 등기'

부동산 투자도 인터넷 및 정보화의 발달로 많은 영향을 받고 있다. 서적뿐만 아니라 온라인 카페나 블로그에는 부동산 투자 관련 정보가 넘쳐나고 있다. 정보가 많이 오픈되면서 전문가의 영역에 있던 것들을 일반인이 직접 할 수 있는 부분이 많아졌다.

경험해보면 정말 아무것도 아닌 것들이 많다. 등기 또한 어렵지 않다. 부동산 투자 경험이 쌓이면서 셀프 등기 또한 접하게 되었다. 필자도 2건의 등기를 직접 진행했다. 한 건은 분양받은 아파트를 직접 등기한 사례이고, 또 다른 한 건은 매매한 후 셀프 등기한 사례다. 절차가 조금 다르긴 하지만, 대동소이하다.

등기에 대한 정보나 절차는 시험이 아니기 때문에 외울 필요가 없다. 책 또는 온라인에서 등기 절차에 대한 정보를 잘 메모해놓거나 나홀로 부동산 소유권이전 등기신청 요령 등의 자료를 활용해서 직접 등기하면 된다. 필자는 관련 정보를 모두 에버노트에 등록해서 관리하고 있다.

요즘은 셀프 등기가 많아서인지 관공서에서도 친절하게 안내해놓기도 하고 친절하게 잘 안내해준다. 필자는 지인의 도움도 받았으며, 관공서에서 공유해놓은 '나홀로 부동산 소유권이전 등기신청 요령'을 참고했다. 어렵지 않으니, 시간적 여유가 있다면 도전해보기 추천한다. 또한 비용도 절감할 수 있다. 물론 시간적 여유가 없다면, 전문가를 찾아야 한다.

나홀로 부동산 소유권이전 등기신청 요령

(부동산 거래 계약에서 등기신청 까지)

본 자료는 대법원 인터넷 등기소(www.iros.go.kr) 홈페이지 등기신청 안내를 토대로, 나홀로 소유권 이전 등기를 하고자 하는 주민에게 다소 도움을 드리기 위해 작성한 자료로, 자세한 사항은 등기소 등 해당기관에 문의하여 주시기 바랍니다.(이해를 돕기 위해 내용이 중복된 경우도 있음) ―편집자 주―

부동산거래계약 체결 ────── • 부동산거래계약 관련 해설〈별표1〉 – p3

▼

부동산거래계약 신고
(실거래가 신고)
────── • 신고기간 : 계약일로부터 60일이내
• 신고기관 : 구청(지적관련부서)
• 신고기간 : 부동산거래계약신고서 작성 제출
• 신고기간 : 중개업자 또는 거래당사자
※ 실거래가 신고관련 해설〈별표2〉 – p3

▼

잔금 지급 ────── • 잔금 지급과 동시에 매수인(사는 사람)이
매도인(파는 사람)으로부터 받아야 할 서류
 – 등기필증
 – 인감증명서(매도용)
 – 주민등록표 초본(매도인)
 – 위임장(인감도장 날인)
※ 받아야할 서류에 대한 해설〈별표3〉 – p4

• 매수인이 직접 준비할 서류
 – 매매계약서
 – 주민등록표 초본
 – 토지대장
 – 건축물대장(일반건축물대장 또는 집합건축물대장)
※ 직접 준비할 서류에 대한 해설〈별표4〉 – p4

▼

제 세금 신고·납부 ────── • 신고기관 : 구청(세무부서)
• 신고방법 : 부동산거래계약신고필증 첨부 신고
• 납부방법 : 시중은행
• 세금종류 : 취득세, 지방교육세, 농어촌특별세
• 신고자 : 매수인
※ 제 세금 신고·납부관련 해설〈별표5〉 – p5

국민 주택채권 및 수입인지 매입	• 판매기관 : 시중 은행(우리, 국민, 농협, 신한, 하나, 기업은행)
	• 매입방법 : 매수인이 신분증지참 은행방문
	• 매입금액
	  – 국민주택채권 매입
	    · 매입금액(시가표준액 X 매입비율)
	    ※ 채권 매입관련 해설〈별표6〉 – p6
	
	  – 수입인지 매입
	    · 매입금액(거래금액, 1억 초과 10억 이하 : 15만원)
	    ※ 수입인지 매입관련 해설〈별표7〉 – p7

▼

등기 신청	등기신청서 작성
	※ 예시 및 기재요령〈별표8〉 – p8
	
	• 등기신청서 첨부서면
	  ① 매매계약서 : 1통
	  ② 취득세(등록면허세)영수필 확인서 : 1통
	  – 등기신청수수료 영수필 확인서 : 1통
	  – 등기필증 : 1통
	  – 매매목록(필지가 많을 경우)
	  – 토지대장 : 1통
	  – 집합건축물대장등본 : 1통
	  – 주민등록표등(초)본 : 1통
	  – 부동산거래계약신고필증 : 1통
	  – 인감증명서 또는 본인서명사실확인서 : 1통
	  – 위임장(위임시)
	  ※ 첨부서면에 대한 해설〈별표9〉 – p13
	
	• 등기신청수수료 납부
	  – 납부금액 : 15,000원/개당
	  – 납부방법 및 절차
	  ※ 첨부서면에 대한 해설〈별표10〉 – p14
	
	• 위임장
	  ※ 기재요령 및 예시〈별표11〉 – p15

▶ (참고) 홈페이지 1. 서울부동산 정보광장 http://land.soul.go.kr
    2. 대법원 인터넷 등기소 www.iros.go.kr

서울시 셀프 등기신청

Part

4

직장인과 자영업자를 위한
틈새 재테크 노하우

행운이란,
기회를 알아보는 감각이며
그것을 이용하는 능력이다.

– 사무엘 골드윈 –

1

세관 공매로 UHD TV를 낙찰받다

　'주인 없는 명품, 싼 값에 찾아가세요' 세관 공매 이야기를 들어보셨는지 모르겠다. 관세청 2017년 블로그에 소개된 이야기다. 한국자산관리공사 캠코에서 진행하는 공매는 투자자에게 널리 알려져 있는 반면, 세관 공매는 대중에게 많이 알려져 있지 않은 틈새 재테크 분야다. 공매 물품은 명품 가방부터 화장품, 양주, 신발 같은 것뿐만 아니라 전자제품, 자동차, 산업용 자재까지 매우 다양하다. 필자는 부동산 경·공매를 공부하면서 우연히 알게 된 세관 공매를 통해 명품도 득템하고 소소한 재테크도 했다.

　• 사례 1. 직구 – 60인치 UHD TV (60UH7700)
　삼성 또는 LG TV를 국내에서 구입하지 않고 해외 직구로 구입하는 경우가 종종 있다. 해외 세일 기간에 직구로 구입하는 것이 훨씬 더 가격이 저렴하기 때문이다. LG 또는 삼성 제품을 역수입하면 더 싸다는 말이 있는데 사실일까? 블프(블랙프라이데이)에 사면 더 싸게 살 수 있다. 내가 낙찰받은 60인치 UHD TV도 직구로 수입되었으나, 무슨 이유 때문인지 통관되지 않고 공매에 나온 물건이다.

한국 매장에서 비슷한 버전의 65인치 기준 가격대가 300만 원이 넘고 카드 제휴로 할인해서 최저 270만 원 정도였다. 그리고 직구 이벤트 최저 가격은 138만 원이었다. 하지만 인천공항세관에서 세관 공매를 통해 110만 원에 구입했다. 잔금을 납부 후, 공매 물품반출서를 제출하고 물건을 반출하려고 하는데, 아뿔싸 TV를 승용차에 실을 수가 없었다. 60인치 TV의 크기가 이렇게 큰 줄 몰랐다. 용달을 부를 경우, 추가로 10만 원 이상 부담해야 했다. 결국, 포장박스를 해체하고 TV만을 자동차에 싣고 집으로 왔다. TV를 설치하고 지금까지 잘 사용하고 있다.

LG 60 UHD TV

'**해외 직구**'란 해외 직접 구매의 줄임말로, 해외 온라인 쇼핑몰에 접속해 필요한 상품을 구매해 배송받는 것을 말한다.

'**블랙프라이데이(Black Friday)**'란 미국의 추수감사절인 11월 넷째 주 목요일 다음 날로, 미국에서 연중 가장 큰 규모의 쇼핑이 행해지는 날이다.

• 사례 2. 샤오미 미밴드2

인천세관 제2지정장치장에서 여러 가지 물건을 공람했다. 이곳은 작은 공매 물건들이 많기 때문에 물건 사진을 찍고 난 후, 리스트와 사진을 비교하면서 물건을 조사했다. 목록 리스트에는 샤오미 미밴드가 있었는데, 해당 사진이 없었다. 사진을 찍지 못했던 것이다. 공매 가격이 4,404원이었고 개당 1,500원도 안 되는 터무니없는 가격이었다. 온라인에서 판매하는 가격은 2만 원 수준이었다. 물건을 확인하지 못했기 때문에 원칙적으로 입찰하면 안 되는 물건이었다. 물건 금액이 크지 않아 큰 기대를 하지 않고 장난삼아 5,000원에 입찰했는데, 낙찰되었다. 시중 가격보다 90% 이상을 저렴하게 산 것이다. 공매 반출승인서를 제출하고 물건을 받아보니, 온전한 샤오미 미밴드2 제품이었다. 아이에게 사용해보라고 줬는데, 매우 좋아하며 잘 사용했다.

샤오미 미밴드 2

• 사례 3. 발렌타인 17년산

해외여행이나 출장을 다녀올 때 1~2번은 양주를 산 경험이 있다. 필자 또한 면세점에서 구매한 경험은 있으나, 양주를 마트나 전문점에서 구입한 기억은 거의 없다. 이유는 술을 좋아하지 않아서이기도 하지만 세금과 가격 때문이기도 하다. 그런데 세관 공매를 통해서 저렴하게 양주를 구입할 수 있다.

양주 공매는 주로 인천공항과 김포공항 세관에서 많이 나오는데, 이번 사례는 대한민국상이군경회 유통사업단 매장에서 직접 구매한 건이다. 종종 자문을 구하고 도움을 많이 주신 선배님과 어느 날 저녁 약속을 했다. 항상 감사한 마음에 뭔가 선물과 함께 저녁 식사를 하면 좋겠다는 생각을 해왔었다. 약속 날짜는 다가오는데, 특별한 선물은 생각나지 않고 고민하던 중에 세관 공매가 문뜩 떠올랐다. 유통사업단 세관물

품쇼핑 매장을 방문해 가격 비교를 해놨던 발렌타인 17년산을 면세점 가격보다 더 싸게 구입했다. 마포에 있는 호텔 뷔페에서 와인과 함께 저녁 식사를 하고 준비했던 마음의 선물을 전달했다.

발렌타인 17년산

• 사례 4. 플라잉 피젯 스피너

둘째 아이가 교회에서 피젯 스피너를 선물로 받았다고 하는데, 돌리고, 돌리고, 또 돌리고… 돌리기에 정신이 없다. 전 세계적으로 유행하는 피젯 스피너였다. 손재주가 좋은 둘째는 피젯 스피너를 종이로도 만들기까지 했다. 세관 공매 물품을 검색 중 플라잉 피젯 스피너가 눈에 들어왔고 드론처럼 날릴 수 있는 제품이었다. 둘째와 둘째 친구들 선물로 주면 좋겠다고 생각해 5개를 15,000원에 구매했다. 개당 가격은 3,000인데, 인터넷 최저가 22,000원보다 87%나 싼 가격에 구매했다.

플라잉 피젯 스피너

틈새 재테크, 세관 공매란?

세관 공매란 외국에서 수입된 물품을 정해진 기간 내에 수입통관하지 않거나 통관할 때 세금을 지불하지 않은 수입품, 해외 여행자가 면세한도(1인당 600달러 이상)를 초과해 들여오다 압수당한 물품 혹은 밀수품 등을 각 관할세관에서 공개입찰을 통해 매각 처분하는 것을 말한다.

공매 대상 물품은 밀수품, 몰수품, 체화물품, 여구품 등으로 자동차, 신발, 모피, 다이아몬드, 장난감, 대리석, 카메라, TV, 의료기기, 휴대폰, 컴퓨터, 배터리, LED 램프, 등 정말 다양하다. 가격 또한 천차만별이다.

세관 공매는 보통 2~3달에 한 번씩 진행되는데, 1차수마다 6회씩 공매가 진행된다. 인천공항세관은 1년에 12회 정도 진행이 되고 있고, 인천세관과 부산세관은 1년에 6회 정도 진행된다. 공매 가격은 감정가에 부가세 10%, 관세 8%(관세는 품목별로 다를 수 있음)를 반영해 결정된다. 부동산 공매와 같이 유찰될 때마다 가격이 떨어지는데, 세관 공매는 한 번 유찰될 때마다 일주일 단위로 10%씩 가격이 떨어지고 6차까지 입찰이 진행된다. 6차까지 낙찰자가 나오지 않는다면 최초 입찰 예정가에서 50%까지 떨어지게 된다. 다음은 관세청 사이트의 공매 공고 화면이다.

관세청 세관 공매 공고 화면

6회까지 유찰된 물품은 국고로 귀속된다. 귀속된 물품 중 (판매)가치가 있다고 여겨지는 물품은 대한민국상이군경회 유통사업단을 통해 위탁 판매 또는 국고 공매로 진행된다. 다음은 대한민국상이군경회 유통사업단 사이트 화면이다.

대한민국상이군경회 유통사업단

세관 공매 입찰은 일반 입찰과 전자 입찰로 구분할 수 있다. 일반 입찰은 관할 관세청에 방문해 입찰을 진행하며, 전자입찰은 유니패스를 통해 입찰 가능하다. 유니패스를 이용하기 위해서는 회원 가입을 해야 한다. 아래는 관세청 유니패스 화면이다.

관세청 유니패스

입찰에 참가할 수 있는 사람은 사업자 또는 일반 개인이다. 하지만 주류 공매는 사업자를 가진 사람만 입찰에 참여할 수 있고, 의약품 등 전문성을 요하는 물품 역시 허가증이나 등록증을 가진 사람만 입찰할 수 있는 자격이 주어진다. 담배, 의약품, 주류, 식품류, 먹는 샘물, 유해물질, 폐기물 관리법 대상 물품 등은 관세청에서 요구하는 자격요건을 갖춘 사람만 입찰할 수 있다. 따라서 이러한 물품들을 입찰하고자 하는 경우 공매 조건을 반드시 확인해야 한다. 반면, 일반 개인은 휴대품 물품 목록에서 개인으로 구분된 물품만 자가사용 목적으로 구매 가능하며, 공매 기간 동안 품목당 3개까지만 구매 가능하다.

뉴스를 통해서 본 세관 공매 이야기

인터넷에 '세관 공매'를 검색해보면, 뉴스, 블로그 등에서 세관 공매에 대해 다양한 정보를 제공하고 있다. 세관 공매에 대한 관심이 갈수록 높아지고 있는 것으로 보인다. 아래는 세관 공매에 대한 독자의 이해를 돕고자 세관 공매 관련 뉴스 일부 내용을 발췌한 기사들이다.

> ### '새로운 재테크 수단?' 세관 공매가 뭐 길래… (이투데이, 2017.01.13.)
>
> '낮은 금리와 경제 불황이 지속하면서 새로운 재테크 수단으로 관세청에서 실시하는 세관 공매가 뜨고 있다'고 소개하고 있다. 무엇보다 세관 공매가 새로운 재테크 수단으로 떠오른 데는 입찰 경쟁력에 있다. 그동안 세관 공매는 누구나 참여할 수 있음에도 불구하고 일부 관계자만 참여하는 등 공매 자체를 몰라 입찰에 참여하는 인원이 상대적으로 적었다. 그러나 단 10만 원만 있으면 투자할 수 있고 경쟁이 치열한 일반 경매, 일반 공매에 비해 수익 창출 기회가 있다.

(출처=관세청)

이투데이 세관 공매

'세관 경매'에서 나도 심 봤다~! (한겨레, 2015.03.15.)

지난 9일 오후 3시 인천공항 여객터미널 지하 1층, '체화 창고'란 푯말이 새겨진 사무실의 철문은 굳게 닫혀 있다. 이곳엔 세관이 공항 면세구역에서 습득한 분실물이나 입국장에서 통과되지 못한 물품들이 보관돼 있다. - 중략 - 물품을 직접 확인해보니 흠집도 없고 포장 상태도 좋았다. 문제는 가격 니콘 카메라의 1차 1회 공매 가격은 29만 7,000원, 카메라 렌즈는 8만 3,160원이었다. 이번 횟수는 1차 4회였기 때문에 각각 17만 8,200원, 4만 9,896원까지 값이 떨어졌다. 인터넷 가격비교 사이트를 찾아보니 시중 최저가는 각각 41만 1,560원, 8만 2,450원이었다. 이날 공람대장을 보니 체화창고를 찾은 사람은 한 명뿐이었다. 입찰 경쟁자가 적은 듯했고, 앞으로 2회 더 남아 있었기 때문에 가격이 최저점일 때인 1차 6회 공매 예정일(3월 24일)을 노리기로 하고 이번 공매에는 참여하지 않기로 했다.

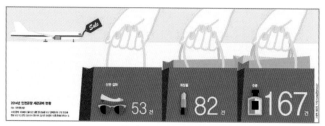

한겨레 세관 공매

"벤츠 오픈카와 명품 백까지" 반값 가능한 세관 공매 세계

(조선비즈, 2015.11.18.)

직장인 황민석 씨는 최근 지인이 세관 공매로 이탈리아 명품 가방을 판매가의 절반 가격에 샀다는 얘기를 들었다. 처음에는 허풍이라고 생각했다. 세관 공매에 대해 자세히 알아본 황씨는 얼마든지 싼 값에 좋은 제품을 살 수 있겠다는 확신이 들었다. 관세청 사이트를 통해서 공모공고를 수시로 확인해야 하고 입찰시간이 정해져 있다는 단점이 있지만, 원하는 물품을 싸게 살 수 있기 때문에 황씨는 세관 공매에 원하는 물건이 나오길 기다리고 있다.

조선비즈 자동차 세관 공매

술·화장품 싸게 사는 '꿀팁'…"공항세관 공매 이용"

(노컷뉴스, 2017.04.29.)

다음 달부터는 주류나 화장품 등을 시가보다 저렴하게 살 방법이 하나 더 생긴다. 바로 김해공항세관 공매 제도를 이용하는 것이다. 김해공항세관은 내달 1일부터 규제 개혁의 하나로 기존에 일반인이 참여하기 힘들었던 공매 입찰 요건을 대폭 완화한다고 29일 밝혔다. 공항세관은 관광객들이 각종 주류나 화장품 등을 1인당 면세범위 이상 초과해 들여온 뒤 관세를 물지 않을 경우 물품을 유치해 보관하는데 일정 기간이 지나도 주인이 찾아가지 않으면 공매에 붙인다. 이 물품은 주로 면세 가격보다는 조금 비싸지만 시중 가격보다는 훨씬 싼 값에 낙찰된다.

운 좋으면 반값 쇼핑… 세관 공매 이용하세요 (SBS, 2016.06.05.)

공매 한번 해보고 싶다면 이렇게 하시면 됩니다. 먼저 세관 홈페이지에서 어떤 물품들이 얼마에 나와 있는지 확인합니다. 마음에 드는 물건이 있는데 가격도 괜찮다면 정해진 날짜에 맞춰 세관에 가서 현장 공매에 참여하면 됩니다. 물론 일반 경매처럼 세관 공매도 타이밍이 중요합니다. 임자가 나서지 않은 물건은 공매가 한번 진행될 때마다 10%씩 가격이 떨어집니다. 예를 들어서, 첫 번째 공매 때 10만 원에 나온 물건은 두 번째 공매 때 10% 떨어진 9만 원, 세 번째엔 8만 원, 마지막인 6번째에는 5만 원, 즉 절반까지 떨어지는 식입니다. 운 좋으면 반값에 살 수도 있지만, 이렇게 기다리는 동안 다른 사람이 낚아채갈 수도 있겠죠. 이 유명 브랜드 핸드백은 최초 가격 236만 원에 공매에 나왔는데 4번 유찰됐다 130만 원에 팔려나갔습니다. 물론 다 팔리는 것도 아닙니다. 이 향수처럼 22만 원 나왔다가 값이 절반까지 떨어졌는데도 끝내 주인을 찾지 못한 경우도 있습니다. 세관 공매는 창고에 물건이 쌓이는 대로 수시 진행합니다. 다만 물건이 한정돼 있고, 공매 전 물건 상태를 확인할 때나 구매 후 물건을 받으러 갈 때 모두 직접 세관창고로 찾아가야 하는 불편이 있습니다.

SBS 세관 공매

세관 공매를 통한 실전 재테크

세관 공매를 통해 정말 재테크를 할 수 있을까? 앞서 설명했듯이, 명품 가방 등 자가사용 목적으로도 소소한 재테크가 가능하지만, 세관 공매를 사업으로도 활용 가능하다. 필자 역시 일부 공매 제품을 낙찰받아 판매를 통해 적지 않은 수익을 올릴 수 있었다. 다음은 사업을 통한 재테크 사례에 대한 뉴스 기사를 일부 발췌한 것으로, 세관 공매를 통한 사업에 대해 아주 잘 설명해주고 있다.

스카이데일리 체화창고

• 세관 압류품 입찰 잘하면 큰돈 버는 사업가 된다

(스카이데일리, 2017.01.31.)

인천세관의 한 체화창고에서 만난 김세미(여·32) 씨는 지난해 4월 결혼 후 집에서 혼자 할 수 있는 재테크를 찾던 중 세관 공매를 접하게 됐다. 재테크 일환으로 시작한 세관 공매가 현재 오픈마켓을 통해 인터넷 쇼핑몰을 열어 운영할 정도로 본격적인 돈벌이 수단이 됐다.

김 씨는 "처음에는 블로그만을 활용해서 공매로 입찰받은 물건들을 팔아 한 달에 500만 원에서 많게는 5,000만 원까지도 벌었다"고 설명했다. 이후 수입이 좋아지자 본격적으로 돈을 벌어보기 위해 오픈마켓에 한 인터넷 쇼핑몰을 열었다. 세관 공매를 통해 낙찰받은 물건을 판매하는 만큼 분야가 정해져 있지 않다.

김 씨는 주로 인터넷을 통해 홍보부터 판매까지 했지만, 오프라인 가게를 통하거나 상황에 따라 소비자를 직접 따라다니는 등 본인만의 방법을 활용해야 한다고 말했다. 그는 "세관 공매 물품의 대부분이 수입업자가 시간과 정성을 들여 검토한 후, 수입하려던 상품들인 만큼 상품의 가치는 이미 보장된 편"이라며 "이를 잘 판매할 만한 판로 개척을 하는 것이 세관 공매에서 이익을 남기는 방법"이라고 강조했다.

이에 낙찰 전부터 인터넷 검색을 통해 해당 품명의 판로와 가격을 미리 파악해 판매하는 것이 중요하다고 털어놨다. 세관 공매 낙찰품목의 경쟁력은 '가격'이기 때문에 다른 업자들과 경쟁했을 때 유리한 입장에 서기 위해서는 사전에 입찰 물품의 가격을 파악해야 한다는 것이다.

예컨대 김 씨는 뉴질랜드산 천연 벌꿀비누 3만 개를 개당 300원에 낙찰받아 온라인으로 개당 9,900원에 팔았다. 사전 조사 당시 해당 천연 벌꿀비누의 최저가는 개당 1만 2,000원이었다. 가격 경쟁력이 확보된 만큼 3만 개 완판을 기록해 마진만 2억 8,800만 원을 남겼다.

• 사례 1. FRYE x ANNA SUI Satchel Leather Handbag

프라이는 미국인이 좋아하는 가죽 부츠 브랜드다. 2015년 프라이와 안나 수이가 콜라보로 만든 사첼 가죽 핸드백이 공매에 나왔다. 다른 안나수이 옷 제품들도 함께 공매에 나왔었다. 옷은 종류도 다양하고 사이즈도 다양했다. 또한, 패션 감각이 없는 나에겐 색상과 디자인이 아주 난해했다. 반면 핸드백은 색상만 3종류고 디자인은 같았다. 나는 공람과 시장을 조사하면서 핸드백에 집중했고 판매를 목적으로 낙찰받은 첫 번째 사례였다. 최초 예정가는 1,100만 원이었고 50% 할인된 가격으로 낙찰받았다.

당시 판매 장소와 창고를 갖출 여력이 되지 않았다. 다행히 물건이 많지 않았고 비용을 최소화하기 위해 살고 있던 집을 창고로 이용했다. 판매 경험이 전혀 없었지만, 가격이 저렴하니 잘 팔리겠지 하는 너무 안이한 생각을 했었다. 온라인, 지인, 등을 통해 판매했지만, 정말 쉽지 않다는 것을 실감했다.

프라이 & 안나수이 사첼 핸드백

• 사례 2. 에르고 베이비 아기띠

전 세계 No. 1 아기띠를 운 좋게 낙찰받았다. 공매 물품반출승인서를 제출하고 보세창고에서 제품을 트럭에 싣고 서울로 올라오던 날을 잊을 수가 없다. 창고 담당자에 의하면, 많은 사람들이 공람을 왔다고 한다. 물건은 잘 포장되어 있었고 아주 좋아 보였다. 하지만 공매 조건 때문에 대부분 경쟁자들이 입찰을 망설였다. 필자 역시 공매 조건 때문에 입찰 참가 여부를 고민했다.

공매 조건 때문에 최저가로 입찰해 50% 할인된 가격으로 낙찰받을 수가 있었다. 그동안 세관 공매 경험과 공부를 통해 공매 조건을 이행한 후 온라인 판매를 통해 완판했다.

에르고 베이비 아기띠

이외에도 LED 램프, 어댑터, 등 다양한 제품을 판매해왔다. 세관 공매 물건은 워낙 다양하기 때문에 항상 새롭다고 할 수 있다.

사업을 위한 세관 공매 100% 활용하기

앞서 설명했듯이, 세관 공매는 개인이든 사업자든 누구나 참가할 수 있다. 하지만 일반수입화물은 사업자로 등록한 사업자만이 입찰이 가능하다. 따라서 세관 공매를 사업으로 진행하기 위해서는 사업자등록증을 만들어야 하고 온라인 판매를 위해서는 통신판매업 신고 또한 필요하다. 그리고 유니패스와 유통사업단 사이트에 가입해야 한다. 이외에도 추가 필요한 사항이 있으나, 여기서는 입찰 참가를 위한 기본적인 사항만을 설명하고자 한다.

사업자등록 신청하기

사업의 형태는 크게 개인사업과 법인사업으로 나눌 수 있다. 개인사업이란, 말 그대로 개인이 사업자가 되는 것이고 법인사업은 회사(법인)를 만들어 사업하는 것이다. 사업의 형태 등 창업에 대한 자세한 사항은 시중에 나와 있는 창업 관련 책을 참고하면 도움이 될 것이다. 여기서는 개입사업자 등록에 대해 설명한다.

개인사업자는 업종과 매출액에 따라 간이과세자와 일반과세자로 구분한다. 연간 매출액이 4,800만 원 미만인 소규모사업자의 경우 간이과세자이며, 그 외는 일반과세자다. 간이과세자와 일반과세자의 차이는 부가세에 있는데, 사업 규모와 사업자의 장단점을 고려해 사업자를 만들면 된다. 개인사업자는 최초 사업자 등록 시 일반과세자와 간이과세자 중 선택해 사업자등록을 할 수 있다. 필자는 최초 간이과세자를 만들었고 이후 일반과세자를 만들었다.

사업자등록은 세무서를 직접 방문해서 신청하거나 인터넷사이트 홈택스에서도 신청할 수 있다. 필자가 처음 만든 사업자는 세무서를 직접 방문해서 만들었다. 사업자등록신청서를 작성해서 제출하면 된다. 세무서 담당자가 친절하게 설명해주고 부족한 부분은 확인해서 진행해준다. 업종에 따라 따르지만, 도소매 관련 사업자등록은 제출하면 바로 당일 사업자등록증이 나온다. 홈택스 등록은 다음 등록 화면을 참고한다. 아래는 사업자등록 신청 시 챙겨야 할 준비물들이다.

· **신분증**
· **사업자등록 신청서 1부** (세무서에 비치)
· **임대차계약서 사본** (자가일 경우 등기부 등본 사본)
· **허가증 사본** (수입식품 등 수입판매업, 주류수입업 등)
· **확정일자를 받고자 하는 경우, 임대차계약서 원본**
· **대리인 방문 시, 본인과 대리인의 신분증, 위임증서**(자필서명)

통신판매업 신청하기

지마켓, 쿠팡, 블로그, 카페 등 인터넷을 통해 판매하고자 할 경우, 통신판매업을 신고해야 한다. 통신판매업은 관할 구청 지역경제과를 방문해 직접 신청하거나 정부(민원)24를 통해 신고한다. 3일 후 통신판매업 신고증을 수령하면 된다.

- 신분증
- 사업자등록증 사본
- 통신판매업 신고서 1부 (구청에 비치)
- 구매안전서비스 이용 확인증 사본

홈택스에서 사업자등록 신청하기

- 홈택스에서 로그인한 후 '신청/제출' 클릭

- '사업자등록 신청/정정' 클릭

- '사업자등록 신청(개인) 바로가기' 클릭

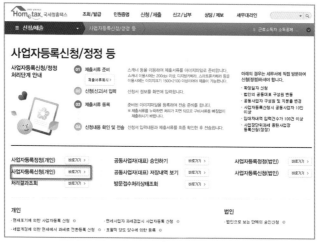

홈택스 화면

2

경매로 자동차를 구입하다

'자동차 경매'에 대해 들어본 적 있는가? 뉴스에 소개되는 자동차 경매는 희귀 자동차 경매 뉴스이거나 사설 자동차 경매에 대한 것들이 많다. 앞의 그림도 사설 경매업체에서 진행하는 사설 자동차 경매에 대한 것이고 사설 자동차 경매 시장이 필자가 소개하려는 자동차 경·공매보다 훨씬 더 크다. 필자가 소개하려고 하는 자동차 경·공매는 법원 경매, 캠코(한국자산관리공사) 및 세관에서 진행하는 공매다.

훨씬 싸게 살 수 있는 자동차 경매란?

대부분의 사람은 경매라고 하면 부동산 경매 또는 예술품 경매를 떠올린다. 필자 또한 법원에서 진행하는 자동차 경매를 알지 못했다. 하지만 더리치에서 소개된 자동차 경매를 통해 알게 되었다.

자동차를 구매하는 방법은 신차를 사거나 중고차를 사는 것인데, 특히 중고차를 사는 방법은 다양하다. 지인을 통해서 살 수도 있고, 직거래로 살 수도 있고 중고차 딜러를 통해서도 살 수 있다. 한편, 중고차를 법원 경매 또는 캠코 공매를 통해서도 매입할 수 있다. 필자도 법원 자동차 경매를 통해 중고 자동차를 매입해서 지금 현재까지 타고 있다.

그러면 자동차 경·공매 정보를 어디서 확인할 수 있을까? 먼저 법원 경매를 알아보자. 다음은 법원경매정보(www.courtauction.go.kr) 화면이다. '자동차 중기검색'을 클릭한다.

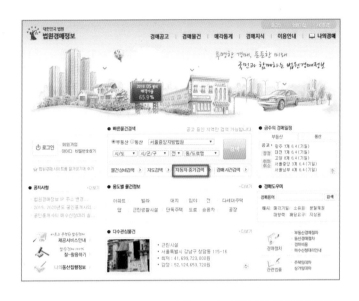

법원 자동차 경매 검색 화면

원하는 조건을 입력해 검색하면, 아래와 같이 결과가 나온다.

법원 자동차 경매 검색 화면

아래는 캠코에서 진행하는 온비드(www.onbid.co.kr) 화면이다. 물건을 클릭한다.

온비드 자동차 경매 검색 화면

물건 검색을 클릭한다. 그리고 원하는 조건을 입력한 후, 검색을 클릭한다.

온비드 자동차 경매 검색 화면

원하는 조건을 입력해 검색하면, 다음과 같은 결과가 나온다.

온비드 자동차 경매 검색 화면

자동차 경매에 빠지다. 그리고 낙찰

　자동차 경매 절차는 부동산 경매 절차와 크게 다르지 않다. 법원 또는 온비드 사이트에서 물건을 검색한다. 물건을 선정하고 조사한 후, 임장한다. 낙찰 후 처리는 개인이 진행하는데, 그리 어렵지 않다. 도전해보자.

LPG차도 경쟁률이 낮지 않다

　LPG차량이 첫 자동차 입찰 물건이었다. 조건이 있었기 때문에 입찰 경쟁률이 낮을 것으로 기대했건만, 경쟁률이 낮지 않았다. 입찰 인원이 9명이었고 감정가 대비 86%에 낙찰되었다. 주차장에 자동차 열쇠가 있었기 때문에 차량 내부를 확인할 수 있었으나, 차량이 방전되어 시동 여부를 확인할 수가 없었다. 사고도 없었고 주행거리도 짧아서 차량은 아주 좋아 보였다.

　자동차를 경매로 구매하겠다는 생각을 하고 나만의 원칙을 만들었다. 경험이 많지 않기 때문에 연식은 3년 이하이고 주행거리는 4만km 이하인 차량만을 입찰 대상을 선정해 물건을 검색했다.

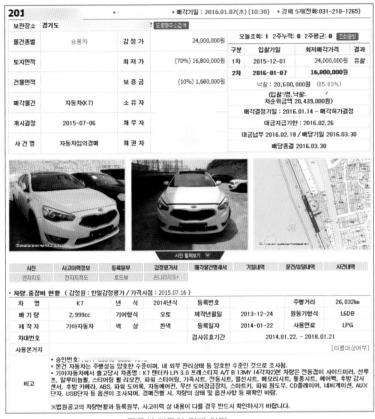

201				• 매각기일 : 2016.01.07(木) (10:30) • 경배 5계(전화:031-210-1265)			

보관장소	경기도		도로명주소검색				
물건종별	승용차	감 정 가	24,000,000원	오늘조회: 1 2주누적: 0 2주평균: 0 조회동향			
토지면적		최 저 가	(70%) 16,800,000원	구분	입찰기일	최저매각가격	결과
				1차	2015-12-01	24,000,000원	유찰
건물면적		보 증 금	(10%) 1,680,000원	2차	2016-01-07	16,800,000원	
매각물건	자동차(K7)	소 유 자		낙찰 : 20,600,000원 (85.83%)			
개시결정	2015-07-06	채 무 자		(입찰:9명,낙찰: / 차순위금액 20,439,000원)			
사 건 명	자동차임의경매	채 권 자		매각결정기일 : 2016.01.14 - 매각허가결정			
				대금지급기한 : 2016.02.26			
				대금납부 2016.02.18 / 배당기일 2016.03.30			
				배당종결 2016.03.30			

사진	사고이력정보	등록원부	감정평가서	매각물건명세서	기일내역	문건/송달내역	사건내역
전자지도	전자지적도	로드뷰	온나라지도+				

• **차량.중장비 현황 (감정원 : 한일감정평가 / 가격시점 : 2015.07.16)**

차 명	K7	년 식	2014년식	등록번호		주행거리	26,032km
배 기 량	2,999cc	기어형식	오토	제작년월일	2013-12-24	원동기형식	L6DB
제 작 자	기아자동차	색 상	환색	등록일자	2014-01-22	사용연료	LPG
차대번호				검사유효기간		2014.01.22. - 2018.01.21	
사용본거지						[리콜대상여부]	
비고	• 승인번호 : ... • 본건 자동차는 주행성능 양호한 수준이며, 내·외부 관리상태 등 양호한 수준인 것으로 조사됨. • 기아자동차에서 출고당시 차종명 : K7 렌터카 LPI 3.0 프레스티지 A/T B 13MY 14각자2)본 차량은 전동접이 사이드미러, 선루프, 알루미늄휠, 스티어링 휠 리모컨, 파워 스티어링, 가죽시트, 전동시트, 열선시트, 메모리시트, 통풍시트, 에어백, 후방 감시센서, 후방 카메라, ABS, 파워 도어록, 자동에어컨, 무선 도어잠금장치, 스마트키, 파워 핸도우, CD플레이어, 네비게이션, AUX단자, USB단자 등 옵션이 조사되며, 경매진행 시, 차량의 상태 및 옵션사항 등 재확인 바람. ※법원공고의 차량현황과 등록원부, 사고이력 상 내용이 다를 경우 반드시 확인하시기 바랍니다.							

굿옥션 자동차 경매 화면

계속 패찰하다. 그러나 경험을 쌓다

한 건, 두 건 계속 입찰하면서 낙찰 가격의 수준을 파악하며 경험을 쌓아가고 있었다. 물론 전혀 예상하지 못한 가격에 낙찰되는 건도 있었다.

다음 건은 알페온 차종으로 15년식으로 주행거리가 2,384km밖에 안 되는 새 차나 다름없었다. 감정가 85% 수준에서 낙찰되었다.

굿옥션 자동차 경매 화면

　　다음 그림의 산타페는 운 좋게 문이 열려 있어서 차량 내부를 확인

할 수 있었다. 차량 담당자에게 자동차 열쇠를 요청했으나 거절당했다.

차를 여기저기 살펴보면서 문을 열어봤는데 열리는 것이었다. 차량 내

부는 정말 깨끗하고 사용한 지 얼마 안 된 것임을 알 수 있었다. 15년 연

식으로 9,818km 주행한 차였다. 문을 잘 잠가놓고 입찰을 결정했다. 그

러나 결과는 또 패찰. 17명이 입찰에 참가했으며, 감정가의 95% 수준에

서 낙찰되었다.

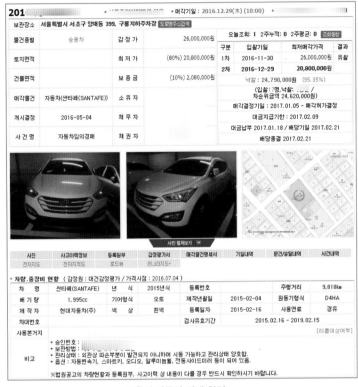

201 [illegible] • [illegible] • 매각기일 : 2016.12.29(木) (10:00) • [illegible]

보관장소	서울특별시 서초구 양재동 399, 구룡지하주차장 도로명주소검색		
물건종별	승용차	감 정 가	26,000,000원
토지면적		최 저 가	(80%) 20,800,000원
건물면적		보 증 금	(10%) 2,080,000원
매각물건	자동차(싼타페(SANTAFE))	소 유 자	
개시결정	2016-05-04	채 무 자	
사 건 명	자동차임의경매	채 권 자	

오늘조회: 1 2주누적: 0 2주평균: 0 조회동향

구분	입찰기일	최저매각가격	결과
1차	2016-11-30	26,000,000원	유찰
2차	**2016-12-29**	**20,800,000원**	
낙찰 : 24,790,000원 (95.35%)			
(입찰17명,낙찰: [illegible] / 차순위금액 24,620,000원)			
매각결정기일 : 2017.01.05 - 매각허가결정			
대금지급기한 : 2017.02.09			
대금납부 2017.01.18 / 배당기일 2017.02.21			
배당종결 2017.02.21			

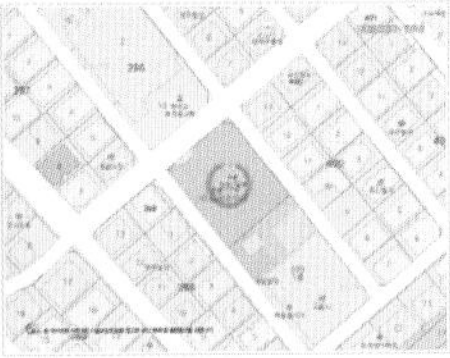

사진 펼쳐보기

사진	사고이력정보	등록원부	감정평가서	매각물건명세서	기일내역	문건/송달내역	사건내역
전자지도	전자지적도	로드뷰	온나라지도+				

• **차량.중장비 현황** (감정원 : 대건감정평가 / 가격시점 : 2016.07.04)

차 명	싼타페(SANTAFE)	년 식	2015년식	등록번호		주행거리	9,818㎞
배 기 량	1,995cc	기어형식	오토	제작년월일	2015-02-04	원동기형식	D4HA
제 작 자	현대자동차(주)	색 상	흰색	등록일자	2015-02-16	사용연료	경유
차대번호				검사유효기간	2015.02.16 - 2019.02.15		
사용본거지	[리콜대상여부]						
비고	* 승인번호 : [illegible] * 보관방법 : [illegible] * 관리상태 : 외관상 파손부분이 발견되지 아니하며 시동 가능하고 관리상태 양호함. * 옵션 : 자동변속기, 스마트키, 오디오, 알루미늄휠, 전동사이드미러 등이 되어 있음. ※법원공고의 차량현황과 등록원부, 사고이력 상 내용이 다를 경우 반드시 확인하시기 바랍니다.						

굿옥션 자동차 경매 화면

패찰의 연속이었다. QM3 물건도 떨어졌다. 하지만 도전을 멈출 수 없었다. 자동차 경매에 대한 관심이 점점 높아만 갔다. 이후 더리치에서 QM3에 대한 이야기를 듣고 물건들을 조사했다. 그리고 다시 도전했다.

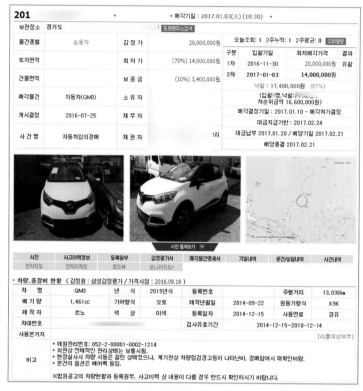

201			* 매각기일 : 2017.01.03(火) (10:30) *					
보관장소	경기도				도로명주소검색			
물건종별	승용차	감정가	20,000,000원		오늘조회: 1 2주누적: 1 2주평균: 0	조회동향		
토지면적		최저가	(70%) 14,000,000원	구분	입찰기일	최저매각가격	결과	
				1차	2016-11-30	20,000,000원	유찰	
건물면적		보증금	(10%) 1,400,000원	2차	2017-01-03	14,000,000원		
				낙찰 : 17,400,000원 (87%)				
매각물건	자동차(QM3)	소유자		(입찰 명,낙찰:				
				차순위금액 16,600,000원)				
개시결정	2016-07-25	채무자		매각결정기일 : 2017.01.10 - 매각허가결정				
				대금지급기한 : 2017.02.24				
사건명	자동차임의경매	채권자	리	대금납부 2017.01.20 / 배당기일 2017.02.21				
				배당종결 2017.02.21				

사진 활짝보기 ▼

사진	사고이력정보	등록원부	감정평가서	매각물건명세서	기일내역	문건/송달내역	사건내역
전자지도	전자지적도	로드뷰	온나라지도+				

• 차량.중장비 현황 (감정원 : 삼성감정평가 / 가격시점 : 2016.09.19)

차 명	QM3	년 식	2015년식	등록번호		주행거리	13,036km
배기량	1,461cc	기어형식	오토	제작년월일	2014-09-22	원동기형식	K9K
제작자	르노	색 상	미색	등록일자	2014-12-15	사용연료	경유
차대번호				검사유효기간		2014-12-15~2018-12-14	
사용본거지							[리콜대상여부]
비고	• 제원관리번호: 052-2-00001-0002-1214 • 외관상 전체적인 관리상태는 보통시됨. • 현장실사시 차량 시동은 걸린 상태였으나, 계기판상 차량점검경고등이 나타난바, 경매참여시 재확인바람. • 본건의 옵션은 에어백 등임. ※법원공고의 차량현황과 등록원부, 사고이력 상 내용이 다를 경우 반드시 확인하시기 바랍니다.						

굿옥션 자동차 경매 화면

경험을 쌓다. 그리고 낙찰받다

필자는 한동안 자동차 경매 물건을 관심 물건으로 등록하면서 집중

적으로 점검 · 조사해왔다. 드디어 낙찰의 기회가 왔다. 앞선 QM3와 비

교해서 적정한 가격에 낙찰받은 것 같았다. 2등과는 약 50만 원 정도의

차이였다. 하지만 예상과 달리 입찰자는 2명뿐이었다. 혹시 필자가 보

지 못한 부분에 문제가 있는 것은 아닌지 두렵기도 했지만, 필자가 앞서

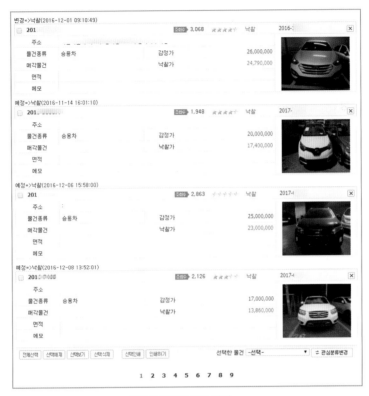

굿옥션 자동차 경매 화면

설정한 원칙에서 봤을 땐, 이상이 없을 것이라고 믿었다.

낙찰받고 난 후 몇 건의 우여곡절이 있었다. 소유권 이전을 완료하고 배터리, 오일 등을 교체하고 잘 타고 다녔다. 그런데 어느 날 집 앞을 나서는데 갑자기 경찰차가 방송하면서 차를 세웠다. 번호판이 문제였다. 비용을 아끼기 위해 번호판을 바꾸지 않았는데, 문제의 번호판으로 검색되었던 것이다. 과태료를 내면 즉시 이용이 가능하다고 했지만,

필자가 내야 할 과태료가 아니었다. 이런 이유로 차량을 주차장에 세워 두고 번호판을 영치해갔다. 당시 주위에서도 무슨 일인가 했을 것이고 필자 또한 매우 당황스러웠다. 며칠이 지난 후 경찰서에서 연락이 왔다. 해당 경찰서와 정리가 되었다고 경찰서를 방문해 번호판을 받아가라고 했다.

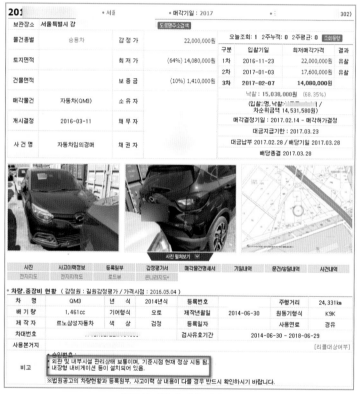

굿옥션 자동차 경매 화면

한 번은 고속도로를 통해 인천에 가는 길이었다. 톨게이트에서 통행료를 내려고 하니, 100만 원 넘게 미납된 게 있다고 한다. 당황스러웠지만, 법원에서 다 정리된 건이라고 대답했고 일단 해당 통행료만 납부했다. 이 문제 역시 변경하지 않은 번호판이 문제였던 것이다. 법원에 문의하고 도로공사에 관련 서류를 보내 문제를 정리했다.

자동차 경매에 도전하면서 이런저런 일들을 경험했다. 재미도 있었고 재테크의 한 부분으로 나쁘지 않은 경험을 했다. 도전은 즐겁고 새로운 것을 배운다는 점에서 정말 좋다고 할 수 있다.

세관 공매에도 자동차 공매가 있다

법원 경매와 온비드 공매는 대부분 이미 등록 운행되었던 자동차에 대한 경매와 공매이다. 앞에서 설명했던 것과 같이 세관 공매에 자동차라는 품목이 포함되어 있다. 반면 세관 공매의 자동차는 수입되는 도중에 또는 수출하는 도중에 압류되거나 몰수된 경우, 그리고 수입 조건을 이행하지 못해 세관 공매에 나온 경우다. 따라서 세관 공매의 자동차는 이러한 조건을 이행해야 하므로 주의가 필요하다. 하지만 수입한 이유가 있을 것이기 때문에 관심을 가져볼 만하다.

관세청 자동차 공매

3

스마트한 재테크가
멋진 인생을 만든다

한동안 '10년에 10억 만들기 재테크'가 크게 유행한 적이 있다. 당시 10억 원이라고 하면 아주 큰 금액이었고, 부자를 향한 상징적인 금액이었다. 필자도 10억 원을 모으면 부자가 될 수 있다고 막연히 생각했고 이러한 목표를 갖고 단순히 아끼고 저축하면 달성할 수 있겠지 하고 생각했다. 하지만 현실은 경기 불황과 저금리 속에서 이러한 꿈은 거의 불가능에 가까웠다.

현재와 같은 저금리 속에서 10억 원을 저축으로 모은다는 것은 평생을 모아도 달성하기 힘들다는 결론에 이른다. 예를 들어, 연 3%의 금리로 월 100만 원씩을 저축할 경우 48년 이상이 걸린다. 30세부터 저축으로 모은다면 78세가 되어야 10억 원을 모을 수 있다는 것이다.

그렇다면 어떻게 해야 할까? 우선 재테크 공부를 해야 한다. 재테크의 수단은 저축만이 있는 것이 아니다. 평범한 직장인이 저축만으로 부자가 되기는 어렵다. 따라서 지금 당장 재테크 공부를 해야 한다. 무엇부터 해야 할까? 먼저 돈을 모으고 싶은 이유가 있을 것이다. 재테크 목표가 있다면, 절반은 이미 성공한 것이나 다름이 없다. 목표 달성을 위해 매일 노력하다 보면 어느새 목표에 근접해 있음을 스스로 알 수 있을 것이다. 본격적인 재테크 공부를 이야기하기에 앞서, 자기 자신의 재테크 습관을 먼저 확인할 것을 제안한다.

생활 습관에서 시작하는 재테크

생활에서부터 재테크를 시작해야 한다. 재테크에 대한 좋은 생활 습관은 미래의 멋진 인생을 만들어줄 것이다. 그렇다면, 생활에서 시작할 수 있는 재테크는 무엇이 있을까? 다음은 재테크를 위한 좋은 생활 습관들이다.

• 자신의 현실을 보아라
현실을 냉정하게 바라보고 내가 할 수 있는 것과 해야 하는 것, 그리고 포기 또는 하지 않아야 하는 것을 알아야 한다. 돈을 모으기 위해서 하고 싶은 것들을 하지 않거나 포기하는 것이 필요하다.

• 먼저 저축하고 나중에 소비하라

재테크 목표를 설정하고 이를 달성하기 위해서 먼저 저축하고 남은 금액에서만 소비해야 한다. 당연한 이야기이지만, 번 돈보다 적게 써야 한다. 소비를 최소화해야 한다.

• 검소한 생활을 한다

쓸데없는 지출을 줄여야 한다. 지출을 최대한 줄이고 절약하는 것이다. 푼돈부터 아껴야 큰돈을 모을 수 있다. 예를 들어, 할인할 때 물건을 사는 것도 좋은 방법이다.

• 신용카드와 체크카드를 잘 활용하자

신용카드를 쓰는 않는 것이 무조건 좋은 것만은 아니다. 고정된 금액으로 반드시 소비 또는 사용해야 하는 것은 신용카드를 사용하는 것이 좋다. 예를 들어, 아이들의 학원비, 교육비 등이 대표적인 예이다. 반면, 여가생활, 식료품 등 생활비는 한도 내에서 사용할 수 있도록 체크카드를 이용하는 것이 좋다. 또한, 체크카드는 가계부 대용으로도 가능하다.

• 재테크 공부를 한다

무턱대고 남의 이야기만 듣고 재테크를 하는 것이 아니다. 스스로 공부해 재테크를 결정해야 한다. 모든 결과는 본인의 책임이기 때문에 현명한 판단을 위해서 공부해야 한다.

• 전문가를 활용하자

개인은 전문가가 아니기 때문에 재테크에 한계가 있다. 이러한 경우, 재테크 분야별 전문가를 활용하는 것도 좋은 방법이다. 은행 등 금융권의 전문가와 상담해 재테크하는 것도 좋은 방법이다.

이런 재테크 생활 습관에 대해 모르는 내용은 전혀 없을 것이다. 가장 중요한 것은 지행일치의 자세다. 생각만 하고 실천하지 않는다면, 아무런 일도 일어나지 않기 때문이다. 따라서 작은 것부터 지금 당장 시작하는 것이 매우 중요하다. 부자 또는 경제적 자유를 위해 종잣돈을 모으는 재테크에서 시작해 돈을 굴리는 투자의 길까지 나아가야 한다. 재테크와 투자는 장기적으로 진행하는 것이고 시간의 법칙을 활용하는 것이다.

투자를 위한 종잣돈 만들기

재테크 생활 습관을 통해 가장 먼저 해야 할 일은 종잣돈을 마련하는 것이다. 부자가 되기 위해서, 그리고 투자를 위해서 종잣돈을 만들어야 한다. 하지만 종잣돈은 하루아침에 만들어지지 않는다. 쓰고 남은 돈을 모으겠다는 안일한 생각으로는 결코 종잣돈을 만들 수 없다. 종잣돈을 만들기 위해서는 확실한 목표를 세우고 저축을 해야 한다. 가장 중요하고 빼놓을 수 없는 방법이 적금에 가입해 목표한 금액을 모으는 것이다. 목표한 종잣돈을 모으고 꾸준히 목표한 금액을 달성해 종잣돈 금액을 높여간다면 부자 또는 경제적 자유를 얻을 확률이 높아질 것이다.

하지만 은행의 금리는 2%대로 높지 않다는 게 현실이다. 그래서 다소 불편하지만 제1금융권 은행보다 금리가 더 높은 저축은행을 이용하는 것도 하나의 방법이다. 일부 저축은행은 시중은행 못지않게 시스템이 잘 갖춰져 있어 이용하는 데 전혀 불편함을 느끼지 못한다. 필자도 예·적금에 저축은행을 적극적으로 활용하고 있다.

금리가 높은 예·적금 상품을 어디서 확인할 수 있을까? 이러한 정보는 인터넷을 통해 정말 쉽게 찾을 수 있다. 아래는 필자가 종종 참조했던 사이트들이며, 금리가 높은 예·적금 인기 상품들을 찾을 수 있다. 정말 편리한 세상이 되었다. 조금만 노력한다면, 스마트한 재테크를 할 수가 있는 시대가 되었다.

• 금융감독원 파인

금융 상품을 한눈에 볼 수 있을 뿐만 아니라 은행, 카드, 보험, 증권 등 금융 관련 다양한 정보를 얻을 수 있다. 엑셀 등으로 다운로드도 가능하다.

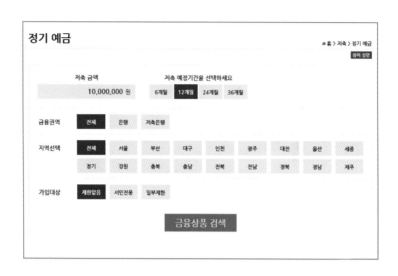

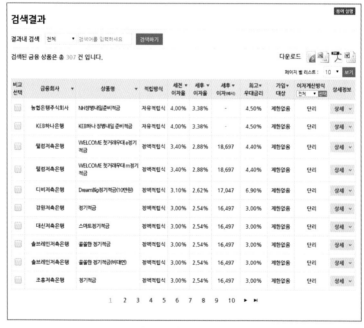

은행감독원 파인

• 은행연합회 소비자포털

예금상품의 금리를 비교할 수 있다. 엑셀 등으로 다운로드도 가능하다.

은행연합회 소비자포털 예금상품 금리 비교 검색

은행	상품명	6개월	12개월	24개월	36개월	48개월	60개월	은행 확인일	비고
BNK경남은행	상호부금	1.30	1.60	1.70	1.80	1.80	1.80	2019-06-12	
BNK경남은행	e-Money 자유적금	1.70	2.00	2.10	-	-	-	2019-06-12	보기
BNK부산은행	2030부산특별스포적금(정기적립식)	-	1.90	2.00	2.10	-	-	2019-06-20	
BNK부산은행	bnk어울림정기적금	-	1.85	1.95	2.05	-	-	2019-06-20	보기
BNK부산은행	Simple정기적금	-	2.00	2.10	2.20	-	-	2019-06-20	보기
BNK부산은행	상호부금	1.30	1.60	1.70	1.80	1.80	1.80	2019-06-20	
DGB대구은행	내손안에적금	-	1.96	1.98	2.00	-	-	2019-06-20	보기
DGB대구은행	내가만든 보너스적금	2.00	2.30	-	-	-	-	2019-06-20	보기
IBK기업은행	상호부금	1.60	1.70	1.80	1.90	2.00	2.00	2019-06-20	보기
IBK기업은행	IBK평생한가족통장(정액적립식)	-	1.70	1.80	1.90	-	-	2019-06-20	보기
IBK기업은행	IBK평생한가족통장(자유적립식)	-	1.65	1.75	1.85	-	-	2019-06-20	보기
KB국민은행	내 아이를 위한 280일 적금	1.50	1.80	-	-	-	-	2019-06-20	보기
KB국민은행	KB맑은하늘적금	-	1.90	2.00	2.10	-	-	2019-06-20	보기
KB국민은행	KB상호부금	1.65	1.75	2.05	2.25	2.25	2.25	2019-06-20	보기

은행연합회 소비자포털 예금상품 금리 비교 검색 결과

• 모네타 금융 상품

예적금 상품의 최고 금리 상품을 소개해주고 있다.

번호	금융기관명	상품명	세전금리	세후수령액
1	동호신용협동조합	아동수당적금 최대6.1% (월불입10만원한도)	6.10%	12,398,332원
2	신목신용협동조합	아동수당적금 최대 5% (월불입50만원한도)	5.00%	12,320,450원
3	신목신용협동조합	정기적금	4.60%	12,294,814원
4	동호신용협동조합	원투쓰리적금(1,2,3적금)	5.10%	12,284,864원
5	중랑신용협동조합	레이디4U 적금(만20세~만39세 여성)	3.60%	12,230,724원
6	동호신용협동조합	e-파란적금	3.60%	12,230,724원
7	동작신협	나에게 맞는 동작신협 맞춤형 적금	3.50%	12,224,315원
8	성동신용협동조합	성동신협 e-파란적금(기본3.0% , 최고 3.5%)	3.50%	12,224,315원
9	서울)웰컴저축은행	WELCOME 아이사랑 정기적금	4.00%	12,222,671원
10	서울)웰컴저축은행	WELCOME 체크플러스 2 정기적금	4.00%	12,219,960원

모네타 금융 상품

• 뱅크 샐러드

내 정보를 입력하면, 예적금 상품을 추천해주는 서비스를 제공한다.

뱅크 샐러드

| 가입조건 | 12 개월 | 100,000 원 |

은행 은행 필터 적용하기

필터 펼쳐보기 ∨

기본금리 | 최대금리 | 만기지급금액 ↑

1 **◎신한은행** 신한 장병내일준비적금

기본금리 **4.50%**

만기지급금액 (4.50%)

최대금리 **5.20%** **1,224,745원**

자세히 보기

전자금융수수료 면제 | 자동화기기(CD/ATM)수수료 면제

2 **✕◎ KB 저축은행** KB착한누리적금

기본금리 **4.50%**

만기지급금액 (4.50%)

최대금리 **5.00%** **1,224,745원**

자세히 보기

뱅크 샐러드

실현 가능한 종잣돈 목표를 정하고 가장 단기간에 달성할 수 있는 금융 상품에 가입해야 한다. 1,000만 원 또는 2,000만 원으로 종잣돈 목표를 정하고 적금을 통해 2~3년 이내에 모으는 것이다. 모으는 시간이 길지 않아야 추가적인 종잣돈을 지속적으로 모으면서 모인 돈을 굴리는 투자를 병행할 수 있다. 예를 들어, 3년 동안 1년에 1,000만 원씩 모으는 것을 목표로 했다면, 3년 동안 한 가지 금융 상품에 가입해 3,000만 원을 만드는 것이 아니라, 1년마다 1,000만 원을 모으는 상품

에 가입하는 것이 좋다. 이후 1년 만기 수령금액은 시중 은행보다 금리가 높은 저축은행과 같은 제2금융권의 정기예금에 가입한다. 일정 규모의 종잣돈이 모이면, 이를 재투자해 종잣돈을 불려야 한다. 즉, 이를 통해 이자에 이자가 붙는 복리의 효과를 얻을 수 있다. 종잣돈을 굴리면서 종잣돈을 모으는 투자를 병행하기 위해서 가능한 한 모으는 시간을 짧게 가져가는 것이 지치지 않아서 좋다. 예를 들어, 6개월 또는 1년 단위로 실천해보자.

단리와 복리의 차이 꼼꼼하게 체크하자!

앞에서 자신에게 맞는 또는 필요한 예적금 상품을 찾는 방법에 대해 알아보았다. 그런데 예금이나 적금을 가입할 때, 단리인지 또는 복리인지를 확인해야 한다. 왜냐하면 같은 금리라고 해도 만기 시 수령액이 달라지기 때문이다. 예를 들어, 매월 100만 원씩을 연 5% 정기적금에 가입했다고 가정해보자. 아래는 1년 후 만기수령 금액과 이자에 대한 비교이다. 왼쪽에 있는 표는 단리 5%의 정기 적금이다. 원금은 1,200만 원이고 이자는 325,000원으로 세전 만기수령금액은 12,325,000원이다. 반면 오른쪽에 있는 표는 복리 5%의 정기 적금이다. 원금은 1,200만 원으로 동일하지만 이자는 330,017원으로 단리 5%보다 5만 원을 더 받아 만기 수령금액은 12,330,017원이다.

정기적금의 단리와 복리 이자 비교

매달 납입금액	1,000,000 원
기간	12 개월
이자율	5 % 단리▼
만기지급금액	12,325,000 원
원금	12,000,000 원
이자	325,000 원

매달 납입금액	1,000,000 원
기간	12 개월
이자율	5 % 복리▼
만기지급금액	12,330,017 원
원금	12,000,000 원
이자	330,017 원

뱅크 샐러드 단리와 복리 이자 비교

정기적금은 1년간이기 때문에 금액 차이를 크게 느끼지 못할 수 있다. 하지만 기간이 길어지면 금액의 차이를 확연히 알 수 있다. 아래 표는 동일한 조건으로 10년간 저축한 결과에 대해 이자를 비교한 것이다. 10년간 총 이자의 차이는 568만 원이며, 복리 5%로 적금을 가입할 경우 매년 이자를 57만 원 더 받게 되는 것이다. 이러한 이유로 금리 차이뿐만 아니라 단리인지 복리인지를 확인하는 것이 중요하다.

단리와 복리 차이점은 단리는 원금에 대해서만 이자가 붙는 것이고 반면 복리는 원금과 이자에 이자가 붙는 것이다. 여기에 기간이 길어지면 이자의 차이가 훨씬 더 벌어지는 것을 알 수 있다. 다음 표는 예금의 저축 기간에 따른 단리와 복리 이자 차이를 보여준다. 원금 1,000만 원은 언제 2배가 될까? 단리 5%는 20년이 소요되고, 복리 5%는 14년이 걸린다. 무려 6년이나 차이가 나는 것을 알 수 있다. 재테크에서 일찍 시작하면 할수록 더 큰 복리 효과를 얻을 수 있다.

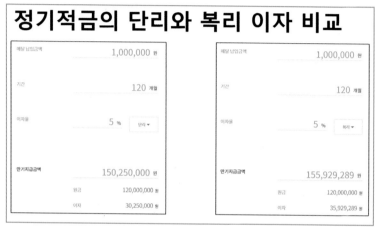

뱅크 샐러드 단리와 복리 이자 비교

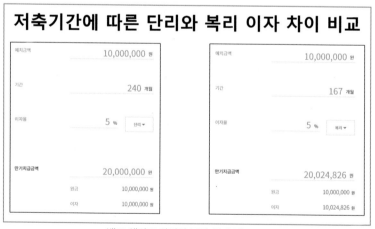

뱅크 샐러드 단리와 복리 이자 비교

돈을 만드는 복리의 마법 '72 법칙'

금리	기간(년)	금리	기간(년)	금리	기간(년)	금리	기간(년)	금리	기간(년)	금리	기간(년)
1%	72.00	13%	5.54	25%	2.88	37%	1.95	49%	1.47	61%	1.18
2%	36.00	14%	5.14	26%	2.77	38%	1.89	50%	1.44	62%	1.16
3%	24.00	15%	4.80	27%	2.67	39%	1.85	51%	1.41	63%	1.14
4%	18.00	16%	4.50	28%	2.57	40%	1.80	52%	1.38	64%	1.13
5%	14.40	17%	4.24	29%	2.48	41%	1.76	53%	1.36	65%	1.11
6%	12.00	18%	4.00	30%	2.40	42%	1.71	54%	1.33	66%	1.09
7%	10.29	19%	3.79	31%	2.32	43%	1.67	55%	1.31	67%	1.07
8%	9.00	20%	3.60	32%	2.25	44%	1.64	56%	1.29	68%	1.06
9%	8.00	21%	3.43	33%	2.18	45%	1.60	57%	1.26	69%	1.04
10%	7.20	22%	3.27	34%	2.12	46%	1.57	58%	1.24	70%	1.03
11%	6.55	23%	3.13	35%	2.06	47%	1.53	59%	1.22	71%	1.01
12%	6.00	24%	3.00	36%	2.00	48%	1.50	60%	1.20	72%	1.00

복리의 마법 72 법칙

앞에서 복리 이자와 복리 효과에 대해 설명했다. 투자를 말할 때 '복리의 마법과 72 법칙'에 대해 이야기한다. 72 법칙은 자산(자금)을 2배 늘리는 데 걸리는 시간을 대략 알려준다. 72를 연간 이자율(투자수익률)로 나누어 나온 값이 자산(자금)이 2배가 되기 위해 걸리는 기간이다. 예를 들어, 정기예금 이자율이 연 5%라고 가정할 경우, 원금 1,000만 원이 언제 2,000만 원이 될 수 있을까? 72를 5로 나누면 14.4년이 나온다. 자산(자금)이 2배가 되는 시점을 이자율과 기간 그리고 72법칙을 통해 대략 알 수 있다. 또는 3년 이내에 자산(자금)이 2배가 되려면 몇 %의 수익률을 올려야 할까? 72를 3으로 나누면 24%가 나온다. 즉, 24% 이상의 수익을 올려야 3년 이내에 자산(자금)을 2배로 만들 수 있다. 앞의 표는 72법칙을 통해 계산한 것으로, 자산(자금)이 2배가 되기 위한 금리와 기간을 나타낸 표다.

72법칙은 복리의 원리를 설명하는 개념으로 자산(자금)을 2배로 늘리는 데 걸리는 시간을 계산하는 방식이다. 세계적인 물리학자 아인슈타인은 '복리는 인류의 가장 위대한 발명, 세계 8대 불가사의다'라고 말했다고 한다. 복리의 효과는 단순히 예적금에만 적용되는 것이 아니라 부동산, 주식 등에도 적용된다. 결국 '부(자산)'를 쌓는다는 것은 수익률과 시간의 지속성에 더해 복리를 활용한 것이다.

유용한 은행거래 100% 활용법

은행거래 100% 활용법에 대해 들어본 적이 있는가? 금융감독원은 일상적인 금융거래 과정에서 알아두면 유익한 금융 꿀팁 200가지를 선정해 안내해주고 있다. 금융감독원과 금융소비자 정보포털 파인을 통해 이러한 정보를 얻을 수 있다. 다음은 파인 사이트에서 '은행거래 100% 활용법'을 검색한 화면이다.

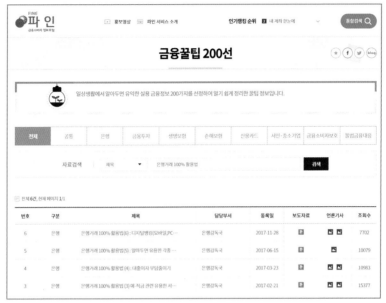

금융감독원 파인

은행에서 제공하는 유용한 서비스는 무엇이 있을까? 아래는 알고 있거나 실제 사용하고 있는 유익한 서비스들이다. 꼭 확인해보고 이용해보자.

• 입출금 내역 알림 서비스

고객의 계좌에서 입출금 거래가 있으면 그 내역을 즉시 해당 고객에게 알려주는 '입출금내역 알림 서비스'를 제공한다. 핸드폰 문자 혹은 스마트폰 알림 형식으로 제공된다. 소정의 수수료를 부담할 수 있다.

• 자동이체 및 예약이체 서비스

주기적으로 일정 금액을 이체할 필요가 있는 경우, 매번 일일이 이체하지 않고 일정 금액을 특정일 특정 계좌로 자동이체 해주는 서비스다. 주기적으로 반복해서 일정한 금액을 이체해야 할 경우, 아주 유용한 서비스다. 한편, 사전에 예약이체 서비스를 신청하면, 특정 일자에 잊지 않고 이체가 되므로 이 서비스 또한 굉장히 편리하다.

• 무통장·무카드 인출 서비스

통장이나 카드 없이도 ATM에서 예금인출 및 이체거래를 할 수 있는 무통장·무카드 인출서비스를 제공하고 있다. 항상 카드를 소지해 이 서비스를 이용하지 않았는데, 긴급한 경우 이용할 수 있는 편리한 서비스다.

• 이체 한도 초과 증액 서비스

이체 한도를 초과한 경우가 많지 않을 수 있지만, 주택 매매 또는 전세 등과 같은 경우 이체한도 금액보다 많은 금액을 이체할 필요가 있는 경우, 미리 은행을 방문해 이체 한도 증액을 신청해놓으면 편리하게 인터넷뱅킹으로 큰 금액을 이체할 수 있다.

• 타행 자기앞수표 현금 교환서비스

타 은행에서 발급한 정액권 자기앞수표를 즉시 현금으로 교환해주는 서비스다. 이 서비스 이용 시 수수료가 발생할 수 있으므로 사전에 현금을 준비하는 것이 좋다.

• 증명서 인터넷 발급서비스

금융거래확인서, 부채증명서 등을 은행창구 외에 인터넷으로도 발급하는 서비스를 제공하고 있다. 은행을 방문하지 않고 인터넷을 이용할 수 있어서 매우 편리하다. 또한 인터넷 뱅킹을 통해 통장표지 출력도 가능하다고 한다. 통장 표지를 요구할 경우, 인터넷 뱅킹을 통해 통장표지를 출력해 제출하면 된다.

• 예적금 만기일 임의지정 서비스

정기예금 만기를 월 또는 연 단위로만 정하지 않고 소비자가 직접 만기일을 지정할 수 있다.

• 예적금 자동해지 서비스

예적금 만기일에 고객이 은행 영업점을 방문하지 않더라도 예적금을 해지하고 원금과 이자를 고객이 원하는 계좌에 입금해주는 서비스다.

• 정기예금 자동재예치 서비스

정기예금 만기일에 고객이 은행을 방문하지 않더라도 정기예금을 해지해 이자는 고객이 원하는 계좌에 입금해주고 원금은 동일한 상품으로 재예치해주는 서비스다. 재예치 시 원금과 이자 모두 재예치하는 것도 가능하다.

• 정기예금 일부해지 서비스

정기예금을 해지하지 않고 예치한 원금 중 일부만 찾아갈 수 있는 정기예금 일부해지 서비스를 제공한다. 긴급 자금이 필요한 경우, 정기예금을 해지하지 않고 필요한 금액만 인출할 수 있다.

• 예적금 만기 시 휴일 전후일 서비스

예적금 만기일이 휴일인 경우, 직전 영업일에 해지하면 중도에 해지하는 것이 아닌 만기에 해지하는 것으로 보고 상품 가입 시 약정한 금리로 이자를 지급한다. 다만, 일수를 계산해 이자를 지급한다.

• 보안계좌 서비스

창구에서만 거래가 가능하고 인터넷뱅킹 등에서는 거래가 제한되는 서비스다. 인터넷뱅킹 등을 통한 금융사고가 불안한 경우, 보안계좌 서비스를 신청해 이용할 수 있다.

이외에도 은행에서는 주거래 고객제도, 가족 실적 합산, 본인에게 맞는 통장으로 변경, 전자통장, 예적금 담보대출, 등 다양한 우대혜택 서비스를 제공하고 있다. 또한 어르신을 위한 금융 꿀팁도 있다. 아래는 어르신을 위해 은행에서 제공하는 대표적인 서비스다.

• 비과세 종합저축

만 63세 이상의 어르신의 경우 초대 5,000만 원까지 15.5%의 세금을 내지 않고 이자를 모두 받을 수 있다. 가입 한도는 전체 금융기관을 합쳐 최대 5,000만 원이다. 금리가 높은 예금을 한도 내에서 비과세 종합저축에 가입하는 것이 좋다.

• 연금우대통장

연금 받는 통장을 연금우대통장으로 새로 만들거나 바꾼다. 급여이체 통장과 동등한 수준의 금리우대와 수수료 면제 등을 제공한다.

마지막으로 마이너스 통장을 적극적으로 활용하자. 재테크와 투자를 진행하는 데 추가적인 자금이 갑자기 필요할 수 있다. 이러한 이유로 가능한 한 큰 금액의 마이너스 통장을 만들어놓을 필요가 있다. 필자는 과거 공과금, 카드 및 예·적금 이체 시 잔고 부족 때문에 최소한의 마이너스 통장을 만들었다. 하지만 재테크와 투자를 시작하면 마이너스 통장의 중요성과 필요성을 알게 되었고 마이너스 통장을 보험처럼 활용한 경험이 있다.

은행거래 100% 활용법에 대해 자세한 사항은 금융감독원 사이트를 참고해서 은행에서 제공하는 유익하고 편리한 서비스를 이용해보자.

똑똑한 핀테크 어플 100% 활용하기

지금은 핀테크의 시대다. 송금, 결제, P2P 투자, 자산관리 등 금융 어플들이 소개되고 이용되고 있다. 그동안 은행, 카드, 보험, 증권 회사에서 아래와 같이 제공하는 각각의 스마트폰 어플을 사용해왔는데, 통합적이고 편리함으로 무장한 핀테크 어플을 이용하지 않을 수가 없다. 필자도 핀테크 어플들을 이용하고 있다.

구글 플레이

현재 우리는 핀테크 어플을 이미 사용하고 있고 새로운 핀테크 어플들이 계속 소개되고 있다. 금융과 IT의 결합으로 만드는 핀테크는 상상을 초월하는 미래를 제공해주지 않을까 한다. 다음은 현재 필자가 이용되고 있는 핀테크 어플들이다.

• 간편 송금 토스/카카오페이

송금이 쉽고 편리하다.

토스 & 카카오페이

• 간편 결제 삼성페이/카카오페이/페이코

온·오프라인에서 빠르고 간편하게 결제할 수 있다.

삼성페이, 카카오페이, 페이코

• 자산관리(가계부) 뱅크 샐러드/브로콜리/토스

하나의 어플에서 카드, 은행, 증권, 보험 등 개인의 모든 금융정보
를 한눈에 볼 수 있다. 또한, 금융 상품을 추천해준다.

뱅크 샐러드, 브로콜리, 토스

이외에도 보험, 주식, P2P 투자 등 분야별로 다양한 금융 어플들이
서비스되고 있다. 이러한 핀테크 어플로 간단하고 스마트한 금융 생활
이 가능해지고 있다.

4

100세 시대 인생 설계

평균수명 100세 시대라고 한다. 고령화 시대에 따라 인생 설계 마스터 플랜도 달라져야 한다. 왜냐하면, 지금은 반퇴 시대로 일찍 퇴직하고 수명이 길어져서 노후설계도 해야 하기 때문이다. 생애 설계는 개인과 가족이 더욱 충실하고 만족스러운 인생을 살아나가고자 생애의 목표를 수립하고 어떻게 실현해나갈 것인지에 대해 구체적으로 계획하는 것이라고 한다. 자신의 생애 목표를 실현하기 위해 종합적이고 장기적인 관점에서 생애 전체를 계획하는 것이 필요하다. 이러한 생애 설계는 자기 자신을 포함한 가족에게 행복한 미래를 가능하게끔 도와줄 것이다.

다음 그림은 생애 주기, 생애 이벤트와 재무 목표를 보여준다. 결혼, 내 집 마련, 자녀교육 등 생애 주기에 맞춰 재무 설계를 해야 한다는 것을 알 수 있다. 미래에 대한 설계 없이 무작정 살아간다는 것은 위험에

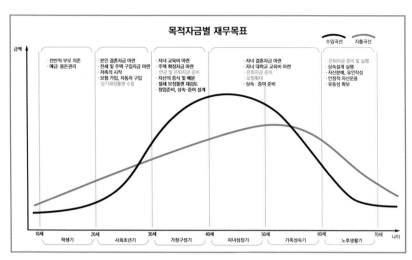

한경 목적자금별 재무목표

대비하지 않고 계획 없이 살아가는 것이라고 할 수 있다. 따라서 즐겁고
행복한 내일을 위해 치밀하고 실현 가능한 설계가 필요하다.

1996년 사회 생활을 시작했는데, 당시 미래에 대한 아무런 계획이
없었다. 직장 생활 3년쯤에 우연히 신문에서 봤던 것으로, 이를 참조해
인생 마케팅 계획을 처음 작성했었다. 이후 재무 설계와 같은 인생 마스
터 플랜을 작성했고, 좀 더 구체적으로 미래에 대한 계획을 수립할 수
있었다. 위의 그래프는 당시 신문의 기사를 참조해 작성했었던 필자의
인생 마케팅 계획이다.

• 일을 사랑하라. 가정을 사랑하라. 건강이 최고다

수동적인 샐러리맨은 곧 경쟁에서 뒤처지게 마련이다. 적극적인 사람들은 남들보다 더 산뜻한 아이디어를 내놓는다. 그리고 이런 사람은 곧 경영자 눈에 띄게 마련이다. 적극적인 사고방식은 자신이 하는 일을 얼마나 사랑하느냐에 달려 있다. 하루 일을 적극적으로 시작하는 사람은 출근하면서 "오늘 해야 할 중요한 일이 뭐지?"를 생각하면 안 된다. 이와 마찬가지로 가정을 사랑하고 자기 자신을 사랑해야 한다.

• 목표는 승진이 아니다. 미련을 갖지 마라

대부분의 샐러리맨은 승진을 중시한다. "동기 중에서 첫 부장", "기업의 꽃인 이사"라는 등 무슨 직책에 얼마나 빨리 올랐는가를 두고 많은 사람들 입방아에서 오르내린다. 그러나 '승진'이란 말은 점차 기업문화에서 무의미해지고 있다. "경쟁력 향상"이라는 미사여구와 함께 취해지고 있는 "조직 슬림화" 속에서 내가 올라가고 있는 "승진의 사다리"는 내일 아침이면 뒤쪽 자재창고에 내동댕이쳐져 있을지 모른다.

• 새로운 사업을 구상해내라. 준비하는 자세를 가져라

사업 구상은 최고경영자만의 몫이 아니다. 새로운 사업을 벌이는 일이란 회사 중역으로 승진한 후에나 가능한 것으로 생각하는 것은 바보 같은 짓이다. 직장의 현재 위치에서 수익성이 있는 사업을 구상해 제안해라.

• 새로운 지식이나 기술을 꾸준히 습득하라. 조급하지 마라

현재 맡은 일이 자신이 원하는 것이고 또 열심히 노력하는 데도 불구하고 특별한 성과를 올리지 못하는 경우가 있다. 이 경우 일에 대해 자신이 가진 지식을 되돌아볼 필요가 있다. 빠른 과학기술과 기업문화 변화와 함께 직장인들이 갖추어야 할 지식도 변하고 있다.

• 해외 업무 경험을 쌓아라. 사람은 계속 만나야 한다

요즘 같은 국제화 시대에서 해외업무 경험은 필수적이다. 미국의 한 컨설팅 회사가 조사한 결과에서 미국 20대 기업 경영자들 중 90%가 풍부한 국제 경험을 가진 것으로 나타났다.

• 맡은 분야에서 최고가 돼라. 인생 마케팅을 해라(재고품이 되지 말라)

맡은 분야에서 최고인 사람에게는 반드시 성공이 찾아오게 마련이다.

내 인생의 첫 재무 설계

재무 설계는 종합건강검진을 받는 것과 같다고 한다. 이는 또 다른 말로 위험 관리라고도 할 수 있다. 인생을 살아가면서 가장 중요한 것이 무엇일까? 개인마다 다를 수 있지만, 인생의 사이클은 대부분 비슷하다. 재무 설계는 인생의 사이클에서 생애 이벤트에 맞춰 경제적인 목

표를 세우고 재무 상태를 분석하고 종합 진단해 적절하게 필요한 재무 계획을 수립하고 실행하는 것이다. 즉, 생애 이벤트 시기에 필요 금액을 준비하는 것이 바로 재무 설계다.

한편, 회사에서는 매년 사업 계획을 작성하는데 개인의 재무 설계는 회사의 사업 계획 작성과도 비슷하다. 재무 설계는 회사에서 사업 계획을 세우고 진행 사항을 점검하고 수정하고 다시 계획을 세우고 실행하는 일련의 과정과 크게 다를 바가 없다. 조직과 개인이라는 것만 다를 뿐이다. 반면, 개인의 성공적인 재무 설계와 실행은 본인의 뚜렷한 목표, 의지와 인내가 필요하다.

필자는 결혼 준비와 함께 인생 마스터 플랜을 작성했었다. 미래에 대한 두려움과 무게감이라기보다는 아내와 아이들과의 행복한 미래의 희망을 꿈꾸었기 때문에 이러한 인생 계획을 만들었다. 당시 재무 설계에 대한 지식은 없었지만, 신문 기사 등을 참조해 나름의 인생 재무 설계를 작성했던 것이다. 220쪽의 그림은 필자가 작성했던 내 인생의 첫 재무 설계다. 재테크와 함께 이러한 계획은 앞서 살펴본 결혼, 내 집 마련, 자녀교육 등 생애 주기에 맞춰 경제적 측면에서 인생 계획을 작성했었던 것이다.

모든 항목을 100% 계획대로 진행하거나 이루지는 못했지만, 이러한 계획이 있었기 때문에 계획을 실행에 옮길 수 있었고 일부 목표를 달성할 수 있었다. 결혼 준비 당시 결혼 자금도 없었지만, 결혼 비용을 최소화했었다. 그리고 내 집 마련을 최우선 목표로 두고 재테크를 했다. 이 모든 것은 아내의 도움이 있었기에 이를 실행할 수 있었고 달성할 수 있었다.

필자의 인생 마케팅 계획

재무 목표는 인생 주기별로 조금씩 다르며, 개인에 따라 조금씩 다를 수 있다. 다음은 개인의 인생 주기별 주요 재무 목표와 실행할 일에 대해 정리한 것이다. 구체적인 재무 목표가 없다면, 221쪽 위의 표를 참고하면 좋을 듯하다. 그리고 재무 목표가 여러 개일 때는 일의 중요도와 긴급성에 따라 우선순위를 정하듯이 가장 중요하고 급한 것부터 우선순위를 정해서 계획을 세운다. 그리고 이러한 재무 목표는 현실적이어야 하고, 측정 가능하고, 달성 기간과 구체적 실행 방안이 요구되는데 221쪽 아래의 SMART 원칙을 참고해 작성한다.

인생주기	주요 재무목표	개인이 실행할 일
사회 초년기	• 인생목표 세우기 • 본인 결혼자금 준비 • 전세자금 마련 • 자기계발	• 예산 세우기 / 가계부 작성하기 • 주거래은행 정하고 급여통장 만들기 • 적립식통장 만들기 • 주택종합통장 가입하기 • 자신에게 투자하기
가정 꾸미기	• 전세자금 준비 • 주택구입자금 마련 • 자녀 육아 / 교육비 마련 • 부채 관리	• 맞벌이 여부 결정하기 • 적립식통장 만들기 • 생명보험, 건강보험 가입하기 • 개인연금 상품 가입하기 • 자산 / 부채 관리 시작
자녀성장기	• 자녀 대학교육비 마련 • 주택규모 넓히기 • 노후자금 마련	• 투자 자산 점검하기 • 세무 상담받기 • 은퇴 계획 수립하기 • 연금 상품 가입하기
가족성숙기	• 자녀 결혼자금 마련 • 노후자금 마련 • 상속, 증여 설계 • 창업 계획	• 부채 상환 • 투자 점검 및 자산 재배치 • 의료 / 건강 / 장기간병보험 점검하기 • 상속 자산 점검하고 유언서류 작성하기 • 새로운 사업 준비 • 은퇴 후 생활 준비하기
은퇴 및 노후 생활기	• 은퇴생활 시작 • 상속설계 실행 • 사회봉사	• 노후자금 관리하기 • 상속계획 실행하기 • 주택규모 점검하고 이사 계획 • 봉사활동, 노후생활 즐기기 • 장기간병 및 의료지침서 작성하기

실전 개인 재무 설계 -임계희 저-

목표 설정의 SMART 원칙

Specific (구체적이다)	정확히 무엇을 하려고 하는가?
Measurable (측정할 수 있다)	목표달성 여부를 어떻게 판단할 수 있는가?
Achievable (달성할 수 있다)	해낼 수 있는 일인가?
Realistic (현실적이다)	현재의 상황에서 가능한 일인가?
Time-Bounded (시간이 정해져 있다)	언제까지 목표를 달성할 것인가?

목표 설정의 스마트 원칙

재무 설계란? 재무 설계는 평생의 습관이다

앞서 재무 설계에 대해 간략히 소개했다. 좀 더 구체적으로 재무 설계에 대해 알아보자. 인터넷에 '재무 설계'에 대해 검색을 하면, 재무 설계에 대한 많은 설명 자료들이 있다. 다음은 이 자료들을 참조해 재무 설계에 대해 정리해보았다.

시티은행에서 설명하는 재무 설계란 '개인의 재정 자원을 가장 효율적으로 활용해 목표를 달성할 수 있도록 전문가로부터 자문받는 하나의 과정'이라고 정의하고 있다. 키움에셋 플래너에서 설명하는 재무 설계란 '각 가정의 재무 목표를 성취하기 위해 개인의 자산, 부채, 수입, 지출 등 재무상태를 수집·분석해 라이프 플랜에 맞게 개인과 가정의 재무를 종합적으로 설계 관리하는 기법이며, 필요한 시점에 자금이 마련될 수 있도록 미리 계획하고 준비하는 행위'라고 설명하고 있다. 용어가 다를 수 있지만, 재무 설계는 현재의 재무 상태를 분석하고 재무적 목표를 설정하고 이를 달성하기 위해 노력하는 일련의 과정이라고 할 수 있다. 그리고 재무 설계는 전문가 재무 설계사의 자문을 받아서 할 수도 있고 본인 스스로 할 수도 있다. 여기서는 본인 스스로 재무 설계를 하는 관점에서 개인이 할 수 있는 재무 설계에 대해 알아보고자 한다.

인생은 단거리 경주가 아니라 장거리 마라톤과 같다. 그리고 생애 이벤트와 같이 나무 하나하나가 모여 숲을 만들기 때문에 숲을 보는 지혜가 필요하다. 이러한 이유로 체계적이고 구체적인 재무 설계가 필요하다. 한편, 재무 설계의 효과는 무엇일까? 아래는 재무 설계의 효과들이다.

재무 상태를 진단하고 점검할 수 있다

목표와 계획을 구체화할 수 있다

삶의 우선순위를 결정할 수 있다

목표 달성을 위해 실행에 집중할 수 있다

정기적인 점검을 통해 목표와 계획을 수정 및 보완할 수 있다

본인 스스로 재무 설계를 하려면, 무엇부터 해야 할까? 셀프 재무 설계 첫 걸음은 개인의 재무 제표를 작성하는 것이다. 기업의 가치를 알기 위해서 재무 제표를 분석하는데, 이와 같이 개인의 재무 제표를 만들어 분석하는 것이다. 즉, 개인의 재무 제표를 만들어 자신의 현재 재무 상태를 정확히 파악하고 평가할 줄 알아야 현재 어디에 위치해 있는지를 명확하게 알 수 있고 이후 재무 설계의 목표와 계획을 구체화할 수 있기 때문이다. 개인의 재무 제표에는 크게 재무 상태표와 현금 흐름표가 있다. 양식은 인터넷이나 책을 참조하면 된다.

나만의 재무 상태표 만들기

재무 상태표는 현재의 자산, 순자산과 부채를 파악하는 것이다. 이
들을 파악하면, 현재 부채의 수준이 적절한지 아니면 시급하게 줄일 필
요가 있는지를 알 수 있다. 또한, 자산이 적절하게 분산되어 있는지도
알 수 있다. 재무 상태표는 재무 목표를 세우는 데 아주 기본적인 자료
라고 할 수 있다.

부채			부채와 순자산		
	계정과목	금액		계정과목	금액
현금성 자산	현금 MMF / 보통예금 / 저축예금		단기 부채	마이너스통장 잔액 신용카드 잔액 개인신용대출	
투자 자산	정기예금 채권형펀드 주식형펀드 부동산 / 부동산펀드		중·장기 부채	자동차대출 주택담보대출 / 모기지 임대보증금	
은퇴 자산	개인연금저축 / 보험 변액연금보험 변액유니버셜보험		순자산		
사용 자산	주거용 부동산 임차보증금 자동차 기타 사용 자산				
자산합계			부채와 순자산 합계		

국제신문 재무 상태표

재무 상태표는 왼쪽에 자산을 작성하고 오른쪽에 부채를 작성한다.
순 자산은 총자산에서 총부채를 차감한 값이다. 본인의 자산과 부채를

가장 잘 파악하고 있는 사람이 자기 자신이니, 재무상태표를 꼭 작성해보자. 더불어 자산 분산과 부채 축소를 위해 자산과 부채를 좀 더 세분화해 작성하는 것이 필요하다. 224쪽의 그림은 재무 상태의 표 예다.

재무 상태표는 작성 시점의 재무 상태를 보여주는데, 재무 건전성과 향후 재무 목표를 설정하는 데 활용할 수 있다. 예를 들어, 현금성 자산은 월 소득의 3배 정도로 유지하고, 부동산 자산은 총자산에서 차지하는 비중이 40% 정도로 유지한다. 총부채가 차지하는 비중이 40% 이상이라면, 부채 상환 계획을 목표로 한다는 등 재무 목표를 설정할 수가 있다. 하지만 개인마다 처한 상황이 다르니, 각자의 상황에 맞게 자산을 배분하는 것이 필요하다.

재무 상태표는 얼마나 자주 작성해야 할까? 년 1회, 반기 1회, 분기 1회 또는 월 1회로 작성 주기를 설정할 수 있다. 하지만 정답이 있는 것은 아니다. 최소한 반기 1회 이상 작성해 현재 진행 상황을 점검하는 것이 좋지 않을까 한다.

나만의 현금 흐름표 만들기

현금 흐름표는 수입과 지출을 분석하는 것으로, 현금 흐름을 파악하고 통제하는 것이다. 일정 기간(보통 1년)에 현금이 들어오고 나가는 것을 나타내는데, 재무 상태표와 같은 형태로 왼쪽에는 수입을 작성하고 오른쪽에는 지출을 작성한다. 지출에는 저축이나 투자를 위한 지출을 포함한다. 총수입에서 총지출을 뺀 금액은 순현금 흐름(추가 저축·투자 가능 금액)을 의미한다. 수입보다 지출이 많았다면 수입이 부족하거나 지출이 과한 것으로 적자 상태이며, 반대로 지출보다 수입이 많았다면 흑자 상태다.

현금 흐름표에서 수입 및 지출 항목을 세분화해야 한다. 세부 지출 항목별 비중을 파악해야 적절하게 지출이 되고 있는지 판단할 수 있고 실질적으로 현금 흐름을 통제할 수 있기 때문이다. 세부 항목은 아래 현금 흐름표 예와 같다. 현금 흐름표 세부 항목에 수입에는 근로소득, 사업소득, 부동산 임대소득, 이자·배당소득 등이 있으면, 지출에는 보장성보험, 대출상환, 임대료, 할부금, 생활비, 교육비, 저축 및 투자가 있다.

한경 현금 흐름표

현금 흐름표는 얼마나 자주 작성해야 할까? 월 단위로 수입과 지출이 이루어지기 때문에 월 1회 작성하는 것이 좋다. 작성한 현금 흐름표를 참고해 현금 흐름을 통제해야 한다. 예를 들어, 보장성 보험의 경우 월 소득의 7% 이내, 부채 상환은 월 소득의 20% 이내, 교육비는 월 소득의 10% 이내, 저축과 투자는 월 소득의 20% 이상 등 목표를 설정해 현금 흐름을 관리해야 한다.

알아두면 편리한 금융 사이트

재무 설계에 대해 재무 설계 컨설팅 회사뿐만 아니라 은행, 보험, 증권 등 관련 사이트에서도 많은 정보를 제공하고 있다. 은행에서는 재무 플랜, 은퇴 설계, 자산 관리 등의 이름으로 관련 정보를 제공하고 있다. 은행에서 제공하는 이러한 정보는 참고할 만하다. 은행에서 제공하는 서비스는 재무 설계라는 큰 그림은 같지만, 은행별로 구성 형태가 다르기 때문에 본인에게 맞는 사이트를 이용해보자.

• 우리은행
자산/펀드센터 화면에서 나의 자산 현황, 시니어플러스 은퇴 설계, 재무 설계 등의 정보를 제공하고 있다. 재무 상태 분석 서비스를 제공하고 있는데, 이는 앞서 설명한 재무 상태표와 같은 서비스를 제공한다.

우리은행 자산/펀드센터

하나은행 행복은퇴설계

• 하나은행

연금/IRP은퇴 설계 화면에서 행복Knowhow(은퇴 설계) 서비스를 제공한다. 기본 정보에서부터 필요 자금, 준비 자금, 설계 조정, 설계 결과 및 투자 제안을 따라서 진행해보면 재무 상태 분석을 통해 투자 제안까지 참고할 수 있다.

• 신한은행

자산 관리 화면에서 자산 현황, 수입·지출 현황, 은퇴 설계, 자산 관리 가이드 등의 서비스를 제공한다. 계좌 통합 서비스를 통해 흩어져 있는 계좌를 한 번에 등록하고 관리할 수 있다.

신한은행 자산 관리

국민은행

자산 관리 화면에서 내 자산 현황, 투자/재무/은퇴 설계, 든든 가이
드, My 연금, my money 서비스를 제공한다. 예적금, 보험, 카드 등 통
합 자산을 등록·관리할 수 있다.

국민은행 자산 관리

에필로그
두 번째 직업으로 경제적 자유를 누려라

대부분의 사람들은 먹고 살기 위해 상당 시간을 일하면서 보내야 한다. 그래서 많은 사람들은 오늘도 경제적 자유를 꿈꾸고 있다. 그렇다면 경제적 자유를 누리기 위해서 무엇을 해야 할까?

나는 경제적 자유를 만들기 위해 열심히 예적금과 보험에 가입했었다. 하지만 내 생각과 행동은 완전히 틀렸다. 예적금과 보험만을 통해서는 경제적 자유를 누릴 수가 없음을 깨달았다. 일하지 않아도 풍족하게 먹고 살 수 있는 경제적 자유는 단순히 돈이 많은 부자가 아니라, 돈과 시간이 여유로운 부자다. 이를 위해서는 지금까지와는 완전히 다른 생각을 해야 하고 다른 방식으로 재테크 투자를 해야 한다. 예를 들어, 부자의 사고방식을 벤치마킹하는 것이다.

오늘도 경제적 자유를 꿈꾸고 있는 사람이라면 하루빨리 부동산에 투자해야 한다고 생각한다. 그 이유는 부동산 투자가 경제적 자유로 가는 지름길이기 때문이다. 그리고 부동산 투자는 상대적으로 안정적이고 높은 수익률을 제공한다. 또한, 화폐 가치 하락에 따른 헤지 수단이며 시세차익을 얻을 수 있다. 최근 자가 소유의 주택 유무에 따라 본인의 자산이 크게 달라졌음을 경험했을 것이다. 따라서 부동산 투자는 하루빨리, 그리고 반드시 해야 한다는 것이다.

나는 다세대주택, 원룸 및 아파트와 같은 주거형에서 시작하여 수익형 물건인 상가 및 지식산업센터로 확대해왔다. 내가 부동산 투자를 강조하는 이유는 두 번째 직업으로 경제적 자유를 누릴 수 있기 때문이다. 결국, 평생 직업으로 두 번째 직업을 얻을 수 있고 부동산 투자를 통해서 경제적 자유와 시간적 자유 모두를 얻을 수 있다. 이 점에서 평범한 직장인뿐만 아니라 자영업자도 지금 당장 부동산 투자를 시작해야 한다.

틈새 재테크로써 자동차 경·공매와 세관 공매를 노려보는 것도 괜찮다. 나는 300만 원을 투자해서 3,000만 원의 큰 수익을 얻기도 했다. 또한, 두 번째 직업으로써도 나쁘지 않다. 부동산 경·공매 못지않게 경쟁이 심해지고 있으니, 철저한 준비와 공부가 필요하다.

이 책은 경제적 자유를 꿈꾸는 평범한 사람이 부동산 및 재테크 실전 투자 경험과 지식을 바탕으로 쓴 책으로, 경제적 자유를 꿈꾸는 평범한 사람을 위한 책이다. 퇴직과 함께 나의 두 번째 직업으로서 시작한 부동산 경·공매 투자와 세관 공매에 대해 나의 경험과 지식을 소개하고

자 했다. 퇴직했거나 퇴직을 준비 중인 사람들 또는 같은 고민을 하는 이들에게 조금이라도 도움이 되었으면 한다.

대부분의 사람은 부동산과 재테크 투자 시장에서 얼마 되지 않아 시장을 떠난다. 성공하고 승리하기 위해서는 끝까지 버텨야 한다. '최후까지 남는 사람이 진정한 승자다'라는 말로 글을 맺고자 한다.

지금까지 읽어준 독자에게 감사하며, 부동산과 재테크 투자에 도움이 되길 바란다.

MENTORING

ESTATE

본 책의 내용에 대해 의견이나 질문이 있으면
전화 (02)333-3577, 이메일 dodreamedia@naver.com을 이용해주십시오.
의견을 적극 수렴하겠습니다.

투자의 길에서 부동산 멘토를 만나다

제1판 1쇄 | 2019년 11월 15일

지은이 | 아이언맨(이민희)
펴낸이 | 한경준
펴낸곳 | 한국경제신문*i*
기획제작 | (주)두드림미디어
책임편집 | 최윤경

주소 | 서울특별시 중구 청파로 463
기획출판팀 | 02-333-3577
영업마케팅팀 | 02-3604-595, 583 FAX | 02-3604-599
E-mail | dodreamedia@naver.com
등록 | 제 2-315(1967. 5. 15)

ISBN 978-89-475-4525-9 (03320)

한국경제신문 i 베스트셀러